流动治理：
概念、结构与范式

李勇　刘国翰 ◎ 著

MIGRANTS GOVERNANCE

CONCEPT, STRUCTURE AND PARADIGM

社会科学文献出版社
SOCIAL SCIENCES ACADEMIC PRESS (CHINA)

目录
contents

序 ··· 001

第一章　作为发展度量的流动性 ································· 001
第一节　人口流动的"位形"：世界与中国 ···················· 001
第二节　平行宇宙 ··· 011
第三节　流动：动势能转换 ···································· 015
第四节　信息负熵：流动与文明 ································ 020

第二章　初民社会与群像 ·· 023
第一节　寂静的乡村：社会结构剖面与惯性 ···················· 023
第二节　引力递减与差序格局：传统的社会结构 ··············· 031
第三节　理性小农与理性扩张 ·································· 035

第三章　流动 ··· 037
第一节　空间转换 ·· 037
第二节　社会记忆 ·· 044

第四章　适应与同化 ··· 047
第一节　薛定谔的猫：惯习与适应 ······························ 047
第二节　量子纠缠：多重身份 ·································· 054

第三节　楞次定律：排斥与融合 …………………………… 061

第五章　熵治理 …………………………………………………… 070
第一节　熵增 ………………………………………………… 071
第二节　组织与治理 ………………………………………… 073
第三节　共同体与团体社会 ………………………………… 075

第六章　创新与治理体系 ………………………………………… 079
第一节　作为实验的创新 …………………………………… 079
第二节　治理体系 …………………………………………… 087
第三节　现代性与组织化 …………………………………… 098

第七章　结语：作为治理的服务 ………………………………… 110

序

一

我是农民的儿子,出生在山东的一个小山村。在我家以及家族里面,既有通过参军、参加工作而脱离农民身份的,也有外出打工的,还有留守在农村的家人和亲戚。

从小我的父母告诉我一定要通过学习走出农村,因为这样可以不用面朝黄土背朝天地从地里"刨食吃",但从未在理想啊、追求啊这些"高大上"的方面告诉我为何要走出农村,也从来没告诉我"父母在,不远游,游必有方"。当时农活的劳累直到现在还记忆犹新,在手上留下的老茧现在还在,因而这个理由对我来讲还是非常非常具有吸引力的。

于是,我一直憧憬着走出去,进入城市。在我的第一次去县城的印象中,城里好像是个总是有好多好吃的东西的地方,有好多是我从没见过、听过的,更不用说吃了。记得我第一次吃方便面还是我一个表哥外出打工返乡时买回来的,当时真的觉得是人间美味。他给我讲的那些"城里——县城"的故事,在我听来觉得还存在于另外一个世界,那一年我十岁。

我的第一次"流动"是在小学四年级,父亲的单位组织去爬泰山,在我去扔汽水瓶的时候,同行的人去看挑山工打架,等我转身过来他们已经被人群包围。看不到"组织"的我疯了似的往山上爬,到了玉皇顶也没找到他们。我观察了一下地势与路线,在南天门低头坐着等,谁说话我也不理。就这样,我等到了他们,那一年我 11 岁。

农村很少看到车,有一天看到一辆吉普车的时候,我告诉母亲,等我长大在城里工作了,我会开着这样的车回来接她。① 在我上初中的时候,我的父亲告诉我,如果考不上大学,我就只能读"土坷垃大学"。在读初中和高中的时候,我有三次机会差点实现了老人家的"愿望"——辍学。第一次是自己骑自行车回去的,第二次和第三次均是给我父亲打电话让他派车来接我。当时我问自己,学习是为了什么?如果是要过上比较好的生活的话,外出打工好像也是一个很不错的选择,毕竟看村里那些包工头混得都不错;如果是想和我父亲一样,做一个工人,我顶他的班就可以了;当然,我的心里还有一个一直也没有实现的愿望——做一个外科大夫——正如我大学报志愿的时候选择的那样。但是在那个时候,出生于农村的父亲在家里的权威几乎是无限大的,在他的好心下——上午我报考志愿、下午父亲就"帮"我修改了志愿——我读了另外一个专业——光学,而这一切直到我拿到录取通知书才知道。直到现在,一想起这件事情,我脑子里就不断重复一个自己想象的画面:父亲小心翼翼地用刀片把志愿书的原有的学校名字刮去,然后一笔一画工整地写上那个他仍认为对我而言是最有前途的学校和专业。

考上了大学,我进城了。第一天报到的时候,接待我的老师看我资料后非得让我说句我家乡的土话,当时他脸上的笑容好像是很

---

① 这个愿望实现了,但是我的父母一直没有和我一起住在城里,因为那样的话他们也要变成"流动中的人",在他们这个年龄再经过一轮再社会化的过程显然是非常困难的。

有种"特期待听你说一下乡下话"的感觉，我当时的回答是：你先说句你的家乡话。瞬间，他的笑容凝固了。大学生活好像没有想象的那样丰富多彩，我一直以来只关注知识积累的教育历程，一下子进了城，很多反而不想了解，那时候开始有了乡愁。一个月的军训完毕后国庆节回家，回到了从小长大的地方，突然发现不会说家乡话了。在家里与父母、亲戚、邻居聊天时说出口的只能是普通话，大家都像看西洋景似的看着我。父亲给我讲了一个故事后，我的舌头才终于听自己使唤了。父亲说，从前有个大学生放假从城里回家，看到父亲正在地里忙农活，于是用普通话说了一句"青枝绿叶开白花，这是嘛东西"，父亲抡起锄头就砸了过去，他边跑边用家乡话说"黍米地里打死人了"——他原来真的知道这种农作物是黍米。当时的我尴尬得黑脸都变红了。现在的我，在家乡话与普通话之间可以无缝衔接、自由转换了。

回到学校，第一次上电脑课，看着旁边的同学熟练地操作，我当时怎么也找不到电脑的开关。我知道一定有开关，但我只在电视上见过这玩意，只能怯怯地问旁边的同学："开关在哪里？"个中滋味现在依然清晰记得。这就是我大学生活开始后第一个触动内心的故事。在此之后，虽然能感觉到同学们之间出生和生长环境不同所造成的差异，但在本科期间似乎感受没那么深刻，一心想的是实现自己的理想。

考研究生的时候，我换了专业，而且我坚持报考外省的学校。原因有很多，除了想开阔眼界以外，最主要的还想离家更远一点，这样家里或家族的很多事就能以离得太远为借口推掉了，虽然这个时候乡愁越来越浓了。于是，我开始了第二次"流动"，但回家很少了，尤其是夏收、秋收的时候。研究生二年级的时候有一次回家正好碰上麦收，多年不干农活的我，以为还和以前一样是农活好手。

结果挑着沉甸甸的四捆麦子，爬了一个不是很陡的坡，我竟然被压得眼含热泪。等到春节再回去的时候，二姐去接我，下了公交车看着光秃秃的灰色的山，我说了句"真够荒凉的"，二姐鄙视我的眼神随之而来，"你去再大的城市，这里也是你长大的地方"。

研究生的时候，玩得最好的基本上要么是同学，要么是老乡，要么和我一样来自农村，似乎这个时候对于出身所造成的差异更加敏感了。最好的朋友是我的上铺兄弟，他来自哈尔滨的一个小农村，与这个主题有关的、给我印象最深的场景是，他即使口袋里有钱，如果是看着很高级的饭店他也不敢进去。这种自我认知深深地影响了他以后的择业、发展。

这次流动后，我就扎根在了现在居住的这个城市。虽然户口落在这里，但我骨子里一直不认为我是所谓的那些"新北京人""新上海人"或"新什么人"，这一辈子也可能不会真正属于这个地方。但也可能这一辈子也离不开这个地方。经过这么多年，我发现自己终于回不去生我、养我的那个地方了，无论在梦里多少次曾回到那个地方，但醒来后，物是人非的感觉会更加强烈。即使见到老乡，书里的那种"老乡见老乡，两眼泪汪汪"的感觉也越来越淡了。这么多年了，我的心就这么一直"暂悬"，一直没有着落，总是有种莫名其妙的、无根的感觉。我经常会问自己："现在的我是谁呢？究竟归属于哪里？未来的我落叶归根时会落在哪里？抑或是在未来，根本就不存在落叶归根的问题？"

读博士的时候在外面租房，记得那时候很多小的福利，比如控制食盐摄入量的小勺子等都是必须要拿着户口本去社区居委会领取。房东是老本地人，对我这个还未参加工作的学生非常非常好，在房租上减免，过节就来看我们，彼此相处得非常融洽。后来听她讲自己下乡的经历，听她讲当地农民对她及其他知青的照顾，听她讲在农村和城市不同的生活习惯与生活方式以及这种差别主要是由不同的环境而形成，我慢慢地明白，生活方式、习惯是紧紧依附在你生活的那片土地、环境、关系之上的。

工作后，最常联系的是同学、朋友和同事。家人或亲戚的联系有些时候变成了例行公事，能讲的话也越来越少，更多的是问候和聊些家长里短吧，且每一次几乎都有很多的重复。但是"我是农村的儿子"这句话却经常挂在嘴边，只不过每次说这句话的时候，其语气与所带的感情都是不一样的，是根据当时所聊的话题及对象而确定的。上班以后，每年在京外出差大概有150天以上，在每一个城市的感觉和在北京的感觉似乎没有很大的区别，除了有家人在京以外。每次出差除非当地的朋友邀请，我和在北京的时候一样，很少去旅游景点，总觉得，这片山水与我的关联仅仅限于观光层面而很少涉及情感层面。

因此，除去户籍制度所带来的制度意义和身份意义，在地理意义上、社会意义和心理感知的意义上，我就是一个典型的流动中的人。[①] 北京可能永远是我的"第二"故乡，在这里我能实现自己的或者更多的是从小被教育而形成的理想，所谓心有猛虎；即使知道现在的"我"不再属于那里，我的第一故乡——我的老家，但每次想到它，总是有一种特别的感觉，所谓细嗅蔷薇。

二

我想，可能很多人和我一样，在所谓的城市化、现代化、市民化的过程中，无意识的、被动性的程度会更大一些。其实，"我"是

[①] 现在关于流动人口包括农民工的研究所涉及的主要方面似乎都能在我的身上找到一个具体的案例。

被现代化的、被城市化的、被市民化的。在这个过程，重新建构另一个"我"。很多时候，"此我"和"彼我"之间很难有一个明确的界定，除非是在特定的时间点、空间域，"我"才会进行选择并具象。正如很多人问我是哪里人的时候，一般都要回答两个：老家山东，现在北京。

"从宏观上来看，城市化是转移农村剩余劳动力、提高农民收入水平、改造村落社会结构的必由之路。而且我们通常认为，这个城市化的过程是充满农民的欢庆、喜悦和梦幻的。"① 但是，事实真的如此么？卢梭讲过："现实的世界是有限度的，想象的世界是无涯际的。"这句话如果反过来读，在城市化这个过程中更贴切：想象的世界是无涯际的，现实的世界是有限度的。我们尽可以把农民进城想象成从一个田园牧歌般的生活世界进入一个充满生机、充满机会、充满希望的现代化的地方。但宏观上的浪漫想象与现实生活的实践之间的鸿沟是非常之巨大的，更不用说具体到中观层面的某个地域的农民群体进入城市的特殊性，以及微观层面上的个体在这个过程中适应性的巨大差异性。是的，城市是现代化的，繁华、璀璨。但是，与你有什么关系呢？你怎样才能与它建立真正的联系呢？即使是你主动地进入城市，偏好城市生活方式，除了制度上的障碍以外，你有能力自己主动融入这个过程么？在此之前，你对于城市而言，就是一个过客、局外人，城市对于你而言，只是暂留、工作的地方而已，可能连"暂住"都算不上。

进入城市后，原有的宏观层面上的，存在于制度和概念之中的差异——如职业、身份、习惯等均得以具象。流动中的人在重新建立经济关系、社会关系甚至是家庭关系的过程中不断建构着另一个自己，从农村人转变为另外一种同样具有差异化的群体身份。他们

---

① 李培林：《巨变：村落的终结——都市里的村庄研究》，《中国社会科学》2002年第1期。

中的一部分人获得了很多的称呼，并逐渐被标签化：盲流，外来人口，外来工或外来妹，打工仔，进城务工人员，民工，边缘人，乡巴佬，弱势群体，杀马特……城市化不仅表现在个体的意识、自我认知等层面，也表现在地理上的郊区、城中村、城区等渐次接近城市的过程。在一个陌生的地方，寻找他们自己认为最舒服的、最熟悉的地方和环境成为很自然的选择。这种选择形成了"城市中的农村"，让流动中的人把自己变成"在城市中的农村人"。可是，城中村不是城市中存在的恬静的田园，那里没有幻想中的牧歌，没有鸟儿清脆的叫声，没有宁静，没有熟悉的笑容……当然这可能是我没有一双发现美的眼睛。但那里有和父老乡亲一样的、被同质化的人群。在那里，有流动中的人最熟悉的，从小就生活在其中的环境、关系、规则，在这个群体中，他重新发现并界定了自己，但流动已经使得现代化的烙印深深地印在他的身上。他也可能经常在想：现在的我算是什么身份呢？来到城市究竟是为了什么？如何才能留在城市里？要不要回农村去？还能回得去么？这种困惑和纠结可能一直会持续存在于他/她做出选择的过程中：留下，回乡，暂悬。

在城市中所塑造的"我"的形象又与在农村中的原来的那个"我"相互"纠缠"着，即使你很少再回到农村，在城市中的你的身份、关系、网络的建构也在影响着原有村民对你进行想象而建构另一个你，并进而改变原有社区群体记忆中的你的形象。这样两个在特定时间与环境中都具有实在性的存在，使得你的意识、行为等都会依据特定时空而进行调整。而这种调整使得很多人真的很难回到农村了。

但不要紧，社会还在发展，生活还要继续。城乡户口的统一，公共服务逐步地均等化、社会服务日益多样化，市民权利的渐进实现，城市文化日益更具包容性与多元化，流动逐渐成为一种潮流、一种时尚，甚至是一种生活方式。在这个时候，你所做出的所有选择都是自然的、发自内心的，无论哪种选择都不会再存在当下让你所纠结的东西。因为，无论哪一种选择，将都是、仅仅是你所选择的一种生活方式，没有高低贵贱之分、没有身份地位之分。

于是，从结构、功能尤其是功利的角度而言，之前流动对整个社会结构的重塑，流动群体尤其是农民工所经历的一切，似乎都是值得的。

三

法国著名农村社会学家孟德拉斯在其著作《农民的终结》一书中指出："20亿农民站在工业文明的入口处，这就是20世纪下半叶当今世界向社会科学提出的主要问题。"[①] 在当今社会，人的流动越来越频繁、越来越多元，流动人口的角色也在逐步发生着变化：从边缘人逐渐成为主流群体之一，从问题和麻烦的制造者变为城市发展的合作伙伴，从外来人变为城市发展和多样化的必需，从文化上的单向改变、融入者变为多元文化的承载者。流动群体得到越来越多的关注，在学术研究上，社会结构的调整、城市和社区的治理体系与能力、基于服务的城市社会管理能力、制度与政策改革、人的城市化与适应性、社会排斥与社会融合等成为学术研究关注的重点。从刚开始的经济学到社会学、法学、人类学等的研究，不仅是学术研究理论、方式、范围的拓展，更重要的是反映了整个社会的人文关怀和良心。

关于流动人口（农民工）的研究可谓汗牛充栋，卷帙浩繁，这些研究主要集中在以下12个方面。一是关于农民工概况的研究，大

---

① 〔法〕孟德拉斯：《农民的终结》，李培林译，中国社会科学出版社，2010，第1页。

体可以分为三个阶段：20世纪80年代中期集中在农村剩余劳动力转移的经济学研究；80年代末至90年代中期的拓展研究，开始涉及流动原因、对流入地的影响等；20世纪90年代中期至今越来越深入的研究，涉及农民工权利、意识、市民化、公共服务、社会融合等。二是关于社会结构的研究，包括社会的二元、三元甚至是四元结构的形成及其影响，农民工群体在社会结构的生态地位，乡城与城乡之间的双向流动及其结果，基于社会结构变迁的制度安排等。三是农民工公共服务研究，主要包括基本公共服务及其均等化研究，基本公共服务与城乡一体化研究，为农民工提供基本公共服务模式研究，公共财政体制与有效转移支持制度研究等。其中较为突出的是农民工社会保障研究、居留与住房研究、农民工子女教育研究三个部分。农民工社会保障研究主要涉及农民工社会保障的现状、城乡社会保障统筹、城市农民工与城市和农村社会保障衔接、农民工社会保障的社区支持、社会养老保险、医疗保险、事业保险、社会救助、公共卫生、生殖健康等方面。关于居留与住房的研究包括农民工住房现状的研究、农民工住房政策、作为社会保障的农民工住房、户籍与农民工住房保障等方面。关于农民工子女教育的研究主要包括特定区域流动人口子女教育现状、流动人口子女融入与认同、打工子弟学校、流动人口子女教育权、流动人口子女家庭教育等方面。四是农民工聚集形态研究，包括整体分布、聚落形态、结构与功能研究，作为非正规部门的城中村研究，作为半独立状态的农村社区的聚集，作为都市村社共同体的研究，作为公共空间的研究等。五是关于农民工就业的研究，包括农民工就业基本概况、农民工教育与培训需求、农民工非正式就业、农民工就业能力与就业资本、农民工劳动合同与工资保障、聚集状态下的农民工二次分化等方面。六是关于农民工流动与户籍的研究，包括户籍所在地社会保障、居住证改革、中央财政转移支付与地方公共服务等方面。七是关于农民工及其子女身份认同研究，包括代际身份认同的区别、新生代农民工的自我认同、新生代农民工的社会认同、身份认同的制度及其带来的农民工群体的内卷化等方面。八是农民工公民权利研究，包括迁徙自由权、结社权、政治参与权、劳动权、表达权与组织表达权、平等权、社会权等。九是关于农民工参加工会和自组织研究，包括工会系统下的农民工权益保障、农民工自组织现状与制度制约、维权 NGO、区域农民工自组织的发展、农民工与工会以及政府之间的关系、农民工自组织的历史演进、农民工工会与结社自由、农民工自组织功能研究等方面。十是关于农民工及其子女社会融合的研究，包括农民工与城市化、社会融合、户籍制度与社会融合、流动机制与社会融合、社会排斥与社会融合、社会认同与社会融合、农民工永久迁徙意愿的研究、代际比较与社会融合等方面。十一是关于基于社区的流动治理研究，包括社会管理视角下的流动治理、农民工聚集社区的治理、农民工公共空间的形成及其治理、二元社区多中心复合治理、城市社区治理模式等方面。十二是农民工政策的相关研究。随着政策的密集出台，学术界积极开展关于农民工相关政策的效果、实践、创新等方面的研究。

　　从阶段上来讲，关于农民工的研究可以分为三个阶段：一是 80 年代中期以前，主要关注农民工流动的动机、条件、方式、途径，主要强调解决农村剩余劳动力问题，并初步探讨离土不离乡作为中国城市化的独特模式。二是 80 年代末期至 90 年代中期，开始针对农村劳动力流动的原因、意义、规模、结构、特点、地理分布、社会经济影响及相关政策进行研究。包括对就地转移劳动力的局限性及其引发的社会问题进行反思，以农村劳动力跨区域研究为主探讨与反思农村剩余劳动力应不应该大规模流动，基本上是从中国的城市化角度进行，比较侧重宏观分析与一般描述，研究方法开始采用社会调查方法。第三个阶段是从 90 年代中期至今，从 1993 年国务院发展研究中心等部门组织较大规模的调查开始到 1994 年美国福特基金会资助研究，汇集多学科、多地域、多角度进行研究，跨越经济学、社会学、人口学、法学、人类学等诸多学科，在中观与微观层面上开展日益细致、深入的研究，城市化仍然是最为主要的研究视角。

当前关于农民工的研究主要集中在从人口学的角度对农民工群体特征进行更为细致的描述，尤其是第二代农民工的群体特征；从农民工流出地的角度，对农民工对农民工流出地资金、技术、信息传递、农业发展、治理结构等方面的影响进行实证研究；从城乡关系的角度探讨户籍制度、城乡劳动力市场分割等一系列二元制度安排对流动人口的收入水平、就业状况、流动方式等方面的影响；从流入地角度就农村劳动力流动与资源的重新配置对城市经济增长、经济结构变迁等一系列影响从经济学的角度进行定量分析；从社会学的角度就农民工与流入地的冲突与整合问题进行定性和定量研究；从农民工自身意愿出发就农民工的市民化意愿和市民化倾向进行心理学和社会学定量研究；从公共政策与制度安排对农民工流动的影响进行研究。这一时期的研究仍与城市化相结合，研究方法注重社会调查，国外关于劳动力研究的相关理论和模型得到广泛应用如刘易斯模型、托达罗模型、推一拉理论、新迁移理论等。其中社会适应性仍是研究的核心问题。

四

本书关于流动人口尤其是关于农民工群体的研究，基于两条主线，一是从结构-功能角度，二是从流动链条——流出、适应、定居或返乡、融入——的角度。从结构-功能的角度去分析，在这个过程中，他们自己能做什么，社会能做什么，政府能做什么，以使得流动真正成为文明发展的催化剂与度量衡。由此，整个社会结构发生了怎样的变化？从流动链条上来讲，离开家乡，进入城市，定居、适应、同化——即使是形式上的，或者是再次回到魂牵梦绕的家乡。如何在一个大背景下去理解他们为何流动，其动力是什么？在流动中他们究竟发生了什么样的变化，群相是如何的？来到一个陌生的地方，他们最需要的是什么，这种需要如何得到满足？未来的他们会变成什么样的？本书的研究框定在了流动治理这一范畴，试图解答流动人口尤其是农民工群体在城市化、现代化的过程中所面临的问题，作为一种群体性行为、逐步组织化的结构，如何加以引导形成身份转变、惯习改变、社会融合。

同时，本书基于作者作为主要参与者所申请的自然科学基金一般课题和国家社会科学基金重大课题关于社会治理、社会创新和社会实验的研究，尝试用自然科学（主要是物理学）的方法和框架来初步阐释流动与治理问题。这种尝试还是初步的，只是用物理学的基本定理及其哲学内涵来进行分析，其中很重要的运用数学方法、数学公式来精确地建构模型，进行更为深入的、准确的分析和研究将是下一步工作的内容。正如马克思所指出的那样，"一种科学只有当它达到能够运用数学时，才算真正发展了"。之所以用物理学进行分析，是因为，虽然复杂的生命现象与物理学、数学的公理或定理完全不一样（截至目前，后者仍然无法对生命进行精确描述），但是人类社会作为一个结构、一个整体所具有的客观性是可以用物理学、数学进行模糊或近似描述的。

本书以我国流动人口为研究对象，对其特征、流动方式、身份构成、治理模式进行分析。按照户籍身份和流入地城乡类别两个维度，可以将流动人口分为乡—城流动人口、城—城流动人口、乡—乡流动人口、城—乡流动人口。基于乡—城流动人口在这四种类型其所具有的社会结构、功能、身份、认同等方面的巨大张力，本书主要以农村向城市流动的人口——农民工的流动为主要研究对象。

本书题目是流动治理，其实应该讲是流动与治理，在对流动进行分析的基础上，治理模式也就自然而然地提出来了。

本书的主要观点包括：

在当今世界，流动性程度与发展紧密相关，流动性可以作为文明的度量衡。

在未来，流动的动力将不再是由推拉等因素构成，更主要的是流动将成为一种生活方式。

包括农民工在内的流动人口的身份构成、身份认同将不会再是唯一的，除了"唯一的我"还有"另一个我"，而"我"将主要由特定时间、特定空间、特定对象来进行界定。换句话说，"我是谁"这个问题的回答必须在时空四维条件下才能得到确定的结果。

流动如果是作为一个相对于其他结构而封闭的系统的话，那么其无序程度就会逐渐增大并最终导致秩序的缺失，正如当年有的城市政府围堵进城从事商业活动的农民的无效结果一样。因此必须通过开放、自组织的系统，形成流动的耗散结构，在这个过程中，信息作为负熵进入系统，由此形成流动的"熵治"。

从责任政府、服务政府的角度，从公民自组织、自管理、自服务的视角，流动治理的前提是相关制度在国内的统一性与地区差异性的统筹考量，并通过建立起社会服务体制与机制实现流动有效的流动治理。从地方性制度——每个国家作为地方的区分标准——的比较而言，每一个制度的社会支持体系包括文化、法律、社会结构等决定其流动治理的特征。在中国，以面向未来的权利的保障和实现为前提，建构起责任公民、责任社会、责任政府，才是中国流动治理的特色。

由此，传统的基于固定区域、固定人群、固定身份与认同的社会管理体系，在面对区域、人群、身份与认同的流动性、多重性、关联性的流动社会时，其效果必将趋于无效。如各地的网格化管理目前能够获得一定的效果是因为其把信息这一负熵引入到整个系统中，但由于其并没有将城市向流动人口完全开放，流动人口自组织系统仍然非常薄弱，因而网格化管理的效果要么逐渐趋于无效，要么获得效果的成本越来越高。户籍制度的改革使得系统的开放性得到了一定程度的提升，未来，流动人口的自组织将会在整个社会管理与治理系统由于高度的流动性而趋于无序时大量产生。

五

本书的写作除了因为需要完成研究报告的任务以外，更主要的是自2009年开始师从王名教授进行社会组织、社会企业与社会创新和社会治理的研究以来，一直未能对这几年的这个主题的相关思考做一个框架式的梳理。虽然两个基金项目已经把之前的研究进行框架化，但还需进一步在中观和微观层面上进行深入一点的研究。

在此，感谢恩师王名教授8年来在学术上的谆谆教诲，他的宽容经常成为我惰性增长的借口。感谢刘国翰师兄一直以来的大力支持与帮助，与他的合作可以称得上是无间的。此次研究的两本报告的核心部分，关于流动治理的落脚点——现代农民工公共服务体系的相关研究也主要是由他完成的。他的严谨学风、扎实的知识积累经常令我深感惭愧。

  基于作者自身的流动经历，其中有很多关于自我感受的主观性因素，同时也由于自己的学疏才浅而导致的不当之处请多多见谅。

李勇
2016.11.20

| 第一章 |

作为发展度量的流动性

人类自诞生以后，流动就成为一种常态，无论是主动的，还是被动的。进入现代以后，工业、资本对全球统一市场的需求使得流动越来越成为一种普遍现象，并在可预期的未来成为主流生活方式之一。流动极大地推进了人类社会之间的交流，促进了文明的发展与进步。可以说，在一定意义上，流动性可以作为人类发展程度、文明程度的度量衡。

第一节 人口流动的"位形"：世界与中国

位形

在经典力学中，任何系统都存在于一定的位形空间内。经典力学中的位形空间，又称组态空间，是指一个物理系统可能处于的所有状态的空间。一个典型系统的位形空间具有流形的结构，因此，也可以称为位形流形。

即使是关于微观粒子世界的量子力学的多世界解释，也是建立在位形空间上的理论。只不过量子是建立在高维[①]位形空间上的，目前的解释理论只能是与经典统计力学相对应的概率解释，而无法像

[①] 物理学家一直在寻找更高维度的空间-时间，如科罗拉多大学的物理学家们制造的高频共振器、普渡大学设想的卡西米尔装置等力图验证存在着更高维度的宇宙。

经典力学那样去描述单个微观粒子。

如果运用经典力学和量子力学的理论来解释流动对于社会结构的影响，那么首先遇到的一个问题就是关于维度的数量问题。对应于社会结构的研究，就是要观察社会结构的客观性与主观性的问题，甚至要超越这一基本的分析范式。片面运用物理学、生物学原则去观察和分析社会的客体主义是不足取的，但是强调社会研究的理解性的主观主义自然也是不全面的。如何超越哲学上的主客观二元性理论、意识形态上的唯物与唯心的简单划分，进而在主客观上统一社会结构、社会制度的客观制约性和人的主观能动性才是分析、研究问题的科学道路，而这种主客观的统一并不是在二元划分的基础上进行的。

本章首先从客观的、整体的维度认识人口的迁移与流动的整体景观。

世界大流动

"移民是历史上从最初直到现在都可以经历到的人类活动模式之一。……世界历史上的每个阶段都有关于移民的传奇。进入20世纪后，伴随着经济发展的现代化、工业化、全球化，城市化成为移民的重要形式和结果。在过去的五十年中，世界各地从乡村到城市的移民使城市居民由原来占人口的五分之一上升到占人口的一半。先前乡村的人类生活，现在已经压倒性地变成了城市生活。"[1] 从很多方面来讲，人类的历史就是移民的历史，并由此形成社会发展的历史。在近现代世界史上，人口的迁移极大地推动了全球发展，并基于信息科学的进步，形成了"地球村"。在科技、社会、经济、政治等各个方面的成就与存在的问题莫不与流动有着重大的关联：流动

---

[1] 〔美〕帕特里克·曼宁：《世界历史上的移民》，李腾译，商务印书馆，2015，第1页。

中的人本身就是信息和文明的载体，在这种沟通与交流中、地方性知识和文明的冲突张力中，人类社会不断地发展着。

2016年6月，国际移民组织（IOM）[①]与中国与全球化智库（CCG）联合发布《世界移民报告 2015：移民和城市——管理人口流动的新合作》[②]中文版报告（以下简称《报告》）。《报告》以翔实的案例分析了世界各国和地区的移民特征、移民对城市的作用和影响，以及未来的发展趋势，关注层面从国家转向城市，探讨了从移民数量增长到多样化的城市环境所带来的挑战与机遇，全球移民新趋势、城市化与城市多样性、移民与城市经济社会发展之间的关系。流动治理等成为《报告》关注的重点，《报告》还明确提出移民本质上是城市问题，而解决方案的最后落脚点是如何通过创新使移民和城市化政策可以更好地为移民和城市的共同利益服务。

《报告》指出，当前全球移民的主要趋势包括以下五个方面。一是新的迁移目的地出现。全球主要的发达城市依然是主要的移民地，约占一半的国际移民居住在10个高度城市化、高收入的国家，例如澳大利亚、加拿大和美国，以及一些欧洲国家。多数世界主要城市移民人口占比20%以上，全世界近五分之一的外国出生人口居住在全球主要的发达城市。但是，除了传统经济发达国家以外，新兴经济体和经济中心如东亚、南非、巴西和印度等成为新的移民目的地，中低收入国家之间的人口迁移即南-南迁移越来越具有重要性，这些国家在输出移民的同时也成为移民输入国。未来几十年的25亿新增世界人口将主要集中在中低收入国家的城市地区，特别是非洲和

[①] 国际移民组织秉持人道而有序的迁徙能够惠及移民者个人和社会的原则。作为一个政府间组织，国际移民组织致力于帮助应对移民挑战，促进对移民事务的理解，鼓励通过移民实现社会与经济发展，以及维护移民者的个人尊严和福祉。

[②] 《世界移民报告 2015：移民和城市——管理人口流动的新合作》（中文电子版），中国与全球化智库译，国际移民组织出版，2015。

亚洲国家的城市地区。二是移民正向规模较小、不太知名的二级城市迁移，这些城市可以提供更高质量的服务以弥补只有在大城市才能享有的社会和文化设施。这种移民主要集中在发达国家。三是在很多发展中国家，从农村到城市的迁移模式较为常见的是循环迁徙。由于持续增长的出口导向型产业对流动性劳动人口的需求，城镇边缘地带的农村地区出现了城市化迹象即半城市化。四是全世界很多城市的发展都伴随着非正规居住区的激增和贫民窟的产生。在非正规居住区的城市贫困人口中，移民占很大比重。非正规居住区的大量出现并非城市化快速发展的必然结果。五是新形式移民给城市带来巨大改变。新形式的移民、人口流动、益民网络和社会媒体的出现，给城市的人口结构和交往模式带来巨大的变化。今天的许多城市以移民人口或种族差异为主要特征。在一些发达国家的城市里出现的规模较小的、松散的、法律上被区别对待的移民群体也被称为"超多样化"群体，他们以"移民他者"自居，对在社会文化上同质化的"社会绝大多数"提出了质疑。

  关于移民的角色，《报告》指出，"我们生活在一个史无前例的以城市化为特征的人口迁移时代"，应正视移民对城市发展与治理的重要作用。移民主要是城市发展和治理的合作者，而不是麻烦制造者。"城市人口流动本身并不会导致脆弱性。只有当迁移人口给城市的就业市场、住房市场、医疗和教育体系，以及供水和卫生系统、废弃物管理等基础设施造成压力，并且没有得到有效解决的时候，才会产生边缘化、排外主义和危机。"移民无论对移居国还是其家乡的经济、社会和文化发展做出了巨大贡献。除了经济上的贡献以外，无论对于移居社会还是对于其家乡而言，移民也是城市恢复力的建设者。移民的特征及其网络、多元化的技能对于老龄化的城市和社会能够发挥重要的作用。移民是地区发展的推动者，移民在来源地和目的地、目的地和目的地之间扮演了"连接物"的角色,在促进城市之间合作发展以及相关活动上发挥了重要作用。移民是城市的建设者,移民是信息的载体,可以促进一个城市的历史、文化、宗教和社会经济繁荣,帮助提升该城市的国际经济与政治地位。

在城市治理方面,移民扮演着关键角色。迁移和移民如何塑造城市,移民的生活又如何被城市及其居民、组织和制度所塑造。移民在城市贫困人口中占很大比重。在寻求更具包容性的城市治理上,城市的社会融合与经济增长和全球竞争力密切相关。如何正向地看待移民在城市治理中的角色考验着城市管理者的智慧。城市具有管理人口流动的优势——发展和实施移民融合政策的权力以及服务的提供者,但这种管理需要一个能够兼顾多方利益的方法和管理结构,使得各方利益可以得到满足并能够采取联合行动。因此,必须通过政府、社会、非营利组织、移民群体之间的合作,通过正式和非正式的结构与制度安排,调动各种资源才能实现有效治理。"城市治理的最大挑战是需要保证为日益增长的多样化人口提供充足的基础设施和服务。这需要采取新的和创新型的政策方法,积极地看待城市多样性,对所有社会阶层采取包容性方法"[1]。尤其是,"国家政策和地方城市的需求、城市能力之间缺乏协调性和一致性,这是治理城市地区移民融入问题的核心挑战。中央政府通常负责制定总体的移民和居住政策,但是移民居住区带来的实际影响却在不同地方缤纷上演。……国家政策可能无法满足涉及移民问题的不同地区和部门的需求"[2]。

基于此,《报告》就人口流动治理提出建议以推动移民参与到治理体系和治理过程之中,《报告》指出,"一座城市吸引国际人口并

---

[1] 《世界移民报告2015:移民和城市——管理人口流动的新合作》(中文电子版),中国与全球化智库译,国际移民组织出版,2015。
[2] 《世界移民报告2015:移民和城市——管理人口流动的新合作》(中文电子版),中国与全球化智库译,国际移民组织出版,2015。

使他们贡献于本地未来发展的能力,是衡量城市未来可持续发展的重要参照"。城市若想提升自身在全球体系中的经济、政治和文化地位,应善用辖区内移民人口带来的潜在发展机遇:一是要制定促进移民融入的政策,城市需要认知和了解移民社区。二是当城市投资于人时可以实现可持续发展,将移民纳入到城市建设当中,促进城市的可持续发展,尤其是在社区层面为推动移民、政府和私营部门的合作提供基础设施、公共服务以及开展其他活动。三是把与移民合作和促进移民融入作为城市治理的必备部分,促进移民的参与,推动各个部门的联合行动,以便开发利用移民者的知识、联系和资源。四是移民参与城市合作会提升社会凝聚力,通过各种参与、合作,让移民参与地方合作,建立起移民、移居城市和东道社区之间的信任,增强移民在移居城市社会结构中的存在感。五是移民参与城市合作会增强城市竞争力,掌握合适技能、满足城市发展的人力资源需求的移民及其所带来的资源将为城市的发展带来持续的动力。

《报告》最大的亮点是对移民主体性的重视,对移民对于经济、社会、文化等的重要影响进行正面研究与阐释。但重要的问题在于,移民是否一定会固定在某个城市甚至是某个国家,尤其是在未来民族国家——这一现代国家形态发生变化时,移民究竟在何时可不再被看作是"移"民,移民对未来城市的影响究竟是怎样的。在目前关于移民的融入论与多元文化论的论争中,不同的国家采用不同的移民政策,以及由此形成的社会结构和社会文化会带来不同的结果,而这个问题的解决对当下各城市面临的迫切问题具有非常重要的意义,尤其是移民超越了流动-定居这一基本的流动形态而出现更多的存在方式时,最为典型的是一生都处于流动,将流动作为生活方式、存在方式的移民。

中国大挪移

从中国的历史来看，流动对于中华民族的形成、文明的发展起到了至关重要的作用。一旦停止流动，整个国家和社会就会封闭起来，危机也就产生了。从先秦时期基于分封而形成的集团性迁移，到春秋战国时期的少数民族与华夏民族的杂居，再到秦朝的迁族戍边、汉朝的"实关中"和"边疆移民"、魏晋南北朝时期基于"五族内迁"等流动的民族融合、唐代后奠定了多民族结构的少数民族来华定居、宋朝政权南迁带来的人口大迁徙、明朝的"江西填湖广""郑和下西洋"和清朝的"两湖填四川"等。在一定意义上，每一次朝代的更迭均是由于农业社会特有的封闭系统内部秩序逐渐恶化——借用热力学的观点就是社会熵增①——作为负熵的外部信息要进入这个系统则需进入通过战争导致朝代更迭而实现，进而通过破坏性的方式使得社会的整个系统开放而实现新秩序的建立，之后再进入下一个朝代的循环之中。清朝后期的闭关锁国政策实施后，整个经济、社会结构的封闭性使得无序不断增加，在进入下一个朝代更替之前，实现工业化的西方国家的入侵打断了传统的朝代更迭，作为信息的负熵通过坚船利炮进入系统并使之开放。可以说，中国从传统农业社会、封建社会向近代工业化、现代化转型的开端是整个国家历史屈辱的副产品所导致的。在这个历史时期，人口的被迫迁移成为整个社会结构重组与演变过程中非常典型的组成部分。

近现代史上出现了如"闯关东""走西口""下南洋"之类的人口流动，地少人多、自然灾害及战乱频发的流出地人口在迁移过程中，对其最终居留地如我国的东北地区、内蒙古和东南亚国家

---

① 关于熵增治理详见本书第五章。

等产生了巨大的影响。流出地文化与当地文化的冲突与融合，大量人口的进入使得当地社会结构、经济结构、生活方式产生重大变化，尤其是中国人流动时往往是基于血缘和地域的"整体性流动"，如山东村、山西村、福建村等在流入地的"复制"，数量庞大，聚族而居。

新中国成立后，基于当时的国内外政治环境、经济发展重心的选择等，必须在最短的时间，以最稳妥的方式恢复秩序，户籍制度从最初的临时性、针对性的措施变成了长期的、普遍性的措施，进而把社会分割成一个个的单元并"固定"起来。这种管理体制和制度安排在一定时间内是具有合理性的也是有效的，但当系统长期封闭时，社会的熵不断增大，这时如果不适时开放系统、引入外部的信息（而人作为信息的载体，信息的流动必然伴随着人的流动），那么经济、社会的无序性就会增大并最终导致整个结构处于崩溃的边缘。从这个角度来看，改革开放的过程，其实是一个通过对既有体制的变革、整个系统的开放引入信息这一负熵要素从而实现整个系统熵降低、形成秩序的过程。这个过程一旦开启，除非出现重大的战乱、自然灾害等不可预见的情况下，系统不断地自我开放、自我耗散、自我平衡的过程即使在没有外力的情况下也将持续进行。在这个过程中，任何违背开放这一要素的制度都将会被无情地碾压，即使会出现短暂的反复。

改革开放后，流动成为我国经济社会发展的助推力。段成荣等基于1983年以来历次全国人口普查和1%的人口抽样调查数据资料，总结出了改革开放30多年以来我国流动人口变动的九大趋势：流动人口的普遍化、流动原因的经济化、流动实践的长期化、流入地分布的沿海集中化、年龄结构的成年化、性别构成的均衡化、女性人口流动的自主化、流动方式的家庭化和学业构成的知识化。1987年时，社会型流动人口包括因婚姻迁入、随迁家属、投亲靠友和退休退职等原因而流动的人口占全部流动人口的 56.3%，由此导致女性流动人口所占比例较高，而务工经商等经济型流动人口则居于从属地位。1990 年第四次人口普查的结果显示，经济型流动人口占全部流动人口的比例超过 50%，进入 21 世纪后仍维持在较高水平上。①

2016 年 10 月 19 日，国家卫生计生委召开了新闻发布会介绍《中国流动人口发展报告（2016）》②（以下简称《报告》）。《报告》基于近年来国家卫生计生委组织的全国流动人口动态监测调查数据，对流动人口的数量、结构以及分布的变动趋势进行了分析，对 2020 年、2030 年人口流动的趋势及所面临的挑战进行了展望，对人口流动对流出地的经济社会影响、流入地的社会融合和家庭发展以及流动人口卫生计生服务管理进行研究。《报告》明确提出，"人口流动迁移是未来数十年我国人口发展的核心议题和关键因素。在全国层面上，流动迁移是人口城乡和地区结构变迁的主导因素，推进农业转移人口市民化也成为我国新型城镇化战略的首要任务。在地区层面上，人口流动迁移也成为各地人口规模与结构演变的决定因素，深刻影响着各地区人口和城镇化的发展"。

《报告》对人口流动迁移的趋势做出了五点判断。一是人口流动迁移规模仍将持续增长，但增速放缓，波动性增强。2015 年，流动人口规模为 2.47 亿人，占总人口的 18%，相当于每六个人中有一个是流动人口。虽然比 2014 年的 2.53 亿流动人口规模有所下降，但按照《国家新型城镇化规划》的进程，预计 2020 年前，流动迁移人口将每年新增 600 万~700 万人。由于经济、政策等因素及其影响的

---

① 段成荣、杨舸、张斐、卢雪和：《改革开放以来我国流动人口变动的九大趋势》，《人口研究》2008 年 11 月。
② 国家卫生和计划生育委员会流动人口司编《中国流动人口发展报告（2016）》，中国人口出版社，2016 年。

不确定性，流动人口规模增长易出现波动性。二是东南沿海仍是跨省流动的主要目的地，中部和西部地区省内流动农民工比例将不断增加。三是人口回流和城－城流动的增长将带动人口流动空间模式的多元化。2010年人口普查显示，城－城流动人口规模占流动人口总量的比例达到21.5%，流动的原因和动力从经济因素更多地向公共服务、城市生活体验、寻求发展机会等多元化的转变使得人口流动比例将持续提高，同时由于留城定居能力、回乡创业等因素，人口回流也会同时存在，但回流地更多的是家乡的中小城市和小城镇。四是人口流动整体趋于稳定化、家庭化，定居意愿普遍增强，但定居能力日趋分化。五是新生代和40岁以上流动人口占比持续提高，流动人口的服务管理需求日趋复杂多样。同时少数民族流动性增强、国际移民的增加将使城市人口更加复杂、多元。

每年中国春运的人口大迁徙就是对上述报告所描述的事实和提出的判断非常有力的、宏观层面上的反映。虽然《报告》也提到了关于流动人口的服务问题，但可以明显看出的是，这种服务仍然是从组织、结构、功能的视角来设计，对流动人口的主体性仍然缺乏必要的重视。尤为重要的是，如何对待流动人口、形成何种制度与文化仍然缺乏必要的价值理念基础。

乡城流动是改革开放取得重大成果的决定性因素之一。人口流动与工业化、现代化、城市化的进程是同时发生的。有人将农民工外出经商或务工与实行家庭联产承包责任制、创办乡镇企业相提并论，称之为中国农民的第三次伟大创造。① 这一"伟大创造"在当前仍然是我国经济发展的重要支撑。如果说之前的农民工流动对于我国经济发展是"人口红利"并逐渐衰竭的话，那么未来通过制度上的改革推动这种流动向更高层次的形式（流动成为社会存在的一

---

① 黄平：《从乡镇企业到外出务工》，《读书》1996年第10期，第65页。

种形式，而不仅仅是基于功能、功利、组织与制度上的考量）转变的话，我国经济、社会发展的"人口红利"还将持续下去，这个周期将会是非常长，甚至是趋于无限的。

上述就是当今包括中国在内的世界人口流动的客观的"位"与"形"，展示了人口流动的全景。可喜的是，在上文提到的两个报告中，流动人口的主观意愿、选择权、城市管理、服务、治理被放在更重要的、更正向的位置加以分析和研究，但是，流动人口更微观层面的身份构成、自我认知与认同、流动在未来是否成为社会存在的一种方式还未能予以充分认识和重视。对流动的治理更多的还是从固定式的、以城市化为中心的角度和框架进行政策设计，未能考虑到当流动成为社会常态时，流动治理必须将城市治理与农村治理连接起来。未来在城市微观层面上的治理即人的行为的规范、约束及流动中的个人在城市中的参与、认同将直接影响到农村微观层面的治理，反之亦然。这就是我们下面讲到的平行世界的概念。

第二节　平行宇宙

外祖母悖论与平行宇宙

广义相对论认为，引力场解释成时空的弯曲，宇宙是平行相通的，可以通过黑洞（时空中的某些区域发生极度的扭曲以至于连光都无法逸出的黑洞）回到过去。但如果真的能回到过去，就必然会产生"外祖母悖论"。

如果我们通过时空隧道回到了过去，遇见了我们的外祖母，而我们又不幸地害死了外祖母，那么既然外祖母在年轻的时候就死了，未来的我又从哪里来？既然没有了我，我又怎么会回到过去害死外祖母？这样便产生了一个悖论。

这一悖论是时间悖论之一。除此以外，还有信息悖论——信息来自将来而没有起源、比尔克悖论——一个人知道将来从而可以做某些事情使得将来的事情成为不可能、性别悖论——你生了你自己。对于该悖论的解决，除了决定论以外——认为我们将以一种方式存在而不让悖论发生——为了在既有的经典力学的框架中解答这个问题，人们提出了"平行宇宙"的概念亦即霍金的"平行空间理论"来解释这个悖论。这种解释建立在爱因斯坦的"狭义相对论"的基础之上。如果我们真的通过一定的方式回到过去并不幸害死了外祖母，从而改变了历史后，时间线出现光滑的分叉形成两条线或直流，每一个分叉形成一段历史，由此世界因历史的改变而形成时空上的分支：在一个世界中，你杀死的是一个在遗传上与你外祖母相同的人，因此你也不会存在。但在另一个世界中，你的祖母仍然存在，所以你也会存在。①

基于时间上的分叉，宇宙有存在复数的可能：与某个宇宙平行存在着的既相似又不同的其他宇宙。真正对平行宇宙进行科学分析与想象是量子力学产生以后的事情。基于量子力学的不确定性，由于在对量子进行观察时量子的每次状态都不相同，而宇宙空间是由量子组成的，那么一个有限的可能性使得不太可能的事情发生。因此，"只要我们承认有可能创造一个宇宙，我们就打开了有可能创造无限多个平行宇宙的大门"。② 最新的"宇宙膨胀理论"和"M理论"也支持这个观点。

经典力学与量子力学关于宇宙的看法的分歧导致了看待宇宙的

---

① 〔美〕加来道雄:《平行宇宙》，伍义生、包新周译，重庆出版社，2016，第 106~106 页。
② 〔美〕加来道雄:《平行宇宙》，伍义生、包新周译，重庆出版社，2016，第 69 页。

观点上的极大不同。"对于牛顿和爱因斯坦来说,'自由意志'的概念,即我们是我们命运的主人的说法,实际上是一个幻想。"作为一个决定论者,爱因斯坦认为绝对实体是存在的,不依赖于人类经验,是一种"客观实体",物体能够以确定的状态存在。但对于量子力学学者而言,只有在观察之后实体才存在。① 这种决定论者和自由意志者的分歧如果用传统的、非此即彼的二分法是不能得到圆满的解释的,只有在更高维度的空间内才能够真正得到统一性的阐释。②

物理学上的这一分歧如果用于研究个体,我们会发现,无论是从存在论的角度,还是从关系定位而言,个体将不再是唯一性的。如果承认人是一种社群动物,认为人就其社会本质而言是其社会关系的总和,那么,从流动个体的角度而言,其社会性的问题也就是回答"我是谁"的问题,而社会性主要是由其所成长和生活的环境、所处的社会关系决定的。在不同的空间中——乡-城流动过程中——个体先后拥有农村和城市的两种社会身份;在不同的时间内——在农村和城市所待的具体时间内——这种身份才会得以确定,也只有在特定的时空范围内,"我"才能够得以具象并具有社会组成个体的意义。由此,"我"在社会身份上变成了复数:"此我"和"彼我"。其真实性恰恰是当我们想进行观察时才得以确定的。

唯一的"我"和另一个"我"

马克思在《关于费尔巴哈的提纲》中说,"人的本质不是单个人所固有的抽象物,在其现实性上,它是一切社会关系的总和"。这就是说,人的本质不是与生俱来的,而是在后天的生活实践中形成

---

① 这种存在并不是意义上的存在,而是实体存在。这可能导致科学怀疑论,因为观察者也是作为被观察世界的一部分而存在的。
② 〔美〕加来道雄:《平行宇宙》,伍义生、包新周译,重庆出版社,2016,第114~116页。

的。这种生活实践的过程也是身份形成与认同包括自我认同和社会认同的过程。在过去流动性不强的社会中，或对于某一个在现代流动性社会中初始流动的人而言，当其进入城市的时候，他就会形成"另一个我""复数的我"。在这里，"我"并不是若干种体验分散的、多元的杂烩，而是有机结合在一起，融合为一体的复数而形成的复合的、聚合的"我"。对这个复合的、聚合的"我"来说，被收纳于单一的世界或多元化共生社会毫无意义。①

由此，"我"就生活在平行世界中，其身份是复合的，这种身份在某一世界造就了原来的"唯一的我"，在另一个世界则形成了"另一个我"。如果脱离了这种身份，那么"我"也就不再是定居的，而是永远流动的，进而，"我"也不再是一个具有决定论意义的确定存在。如果把时间这一维度加上，那么"我"的身份只有在特定的时间、特定的空间内才能够得以确定，因为一般来说，"我"的居住状态和身份都只能进行随机解释。从这个角度而言，"我"就像量子一样，只有进入到"被观察"的状态，"我"才得以确定。②

用海森堡的话说："在因果律的陈述中，即'若确切地知道现在，就能预见未来'，所错误的并不是结论，而是前提。我们不能知道现在的所有细节，是一种原则性的事情。"对于流动中的个体而言，如果想要管理"我"、服务"我"、让"我"成为社会治理的参与主体，那么只能在特定的时空下、就某一具体事件才能具有可行性，因为流动使得"我"只有在进入到某一具象而微观的层面时，才能具有现实的存在和意义。

---

① 古村光浩：《从移动人口研究类推可想象的"量子城市治理"记述》，《中国非营利评论》（第13卷），社会科学文献出版社，2014年，第29页。
② 这就对个体对自我的认知产生了巨大的挑战，因为在进行自我观察时，观察者与被观察者是一个自我的实体，而观察者对被观察者的介入一定会产生影响。

社会治理的任何思想也只有明确、清晰地理解流动中的人的复数性才能真正建构科学的、基于主体的治理基点。

那么,"我"为何要流动呢?

第三节　流动:动势能转换

动势能转换

势能是物体或系统由于位置或位形而具有的能,是储存于其内部的能量,它可以释放或者转化为其他形式的能量。势能不是属于单独物体所具有的,而是相互作用的物体所共有。动能是物体由于运动而具有的能量,它常被定义为使某物体从静止状态至运动状态所做的功。势能和动能是可以相互转化的。如放开一块位于陡峭山顶上的石头时,物体在重力的作用下会向山下运动,势能于是变成了动能。①

人作为一种生物体,基本的生活条件是其生存与发展的必需和动力。从这个意义上,人类发展的历史是一部不断发展生产力以满足更好生活的历史,制度发展的历史则是如何确定更好的制度以激励人们去追求美好生活的历史。人类关系的调节无非是如何通过制度以实现这个目标,法律制度和经济制度中最为重要的两个概念"财产权"和"产权"就是非常好的证明。马斯洛的需求层次理论也阐明了这一点。对于芸芸众生而言,低层次需求的满足是最基本的。在这个意义上,农村相对于城市的经济差距可以类比看作是形成势能的高度差。在没有"摩擦力"(户籍制度、流动管制等)的情况下,基于人的需求、欲望这一远比重力还要强大的引力,人口的流动就成为必然。如果是长期集聚的"势能"达到一定的程度,

---

① 这是势能转化为动能最为简单的例子。

那么流动所形成的"动能"也就越强大。

流动的推与拉

流动必须是不断积累的势能在某一时刻、在某种力量的推动下转换为动能而进行的。流动的前提亦即势能主要有三：社会力造成的二元结构，经济力形成的收入差距，文化力构建的意识鸿沟。

这种流动从不同的角度、视角、学科来观察，主要可以区分为劳动力流动与社会流动。二者的区别实际上是经济学研究视角与社会学研究视角的区别。在经济学中有两个关于劳动力流动的经典理论：一个是推拉理论，一个是刘易斯的二元经济理论为先导发展而成的两部门理论。社会学中关于社会流动的研究可以分为美国传统和欧洲大陆传统，前者认为现代社会是自由平等的社会，个人的态度和行为是导致社会流动的主要原因。后者则认为社会结构在工业化过程中从礼法社会向法理社会网络的转变，或从机械团结向有机团结网络的转变是造成社会流动的主要原因，人们社会位置和社会地位的不平等主要是一种超越个人选择的结构性安排。后续逐渐出现了系统方法、制度分析方法和文化分析方法等新的研究倾向。

19世纪末，美国社会学家莱文斯坦提出"推拉模型"以总结迁移规律，推力是原居住地不利于生存、发展的种种排斥力，拉力则是移入地所具有的吸引力。在国内，陈吉元、胡必亮构建了我国农村剩余劳动力转移的推拉模型，认为其转移机制可通过来自农业部门的推力所造成的供给量及来自非农业部门的拉力所引发的需求量之间的较量予以解释。还有一些学者从教育因素、户籍制度、工业化水平、城乡差距、转移能力等角度对影响我国农村劳动力转移的因素进行了分析。但事实上真正促使农村劳动力转移的不仅仅是上述动机，更为重要的是劳动力的转移能力。但这个框架在解释影中国农民工流动的因素时虽然与国外有相似之处，却明显具有不同于国际上多数国家的特征：巨大的经济驱动力是促使农民工大规模外出的主要动力，城乡之间的巨大经济差异和收入差异是人口向城市流动的最主要的原因，而国际上的农村暴力现象、农村人口无控制增长、失去土地流离失所等因素在中国几乎找不到相同点，影响中国推拉的最主要的不同之处是户籍制度，这是最为突出的制度障碍，其发挥作用的方式使得推拉失去效力，从而使流动人口不再遵循一般的推拉规律，这是因为劳动力的流动和劳动者的心理都发生了变形。[①]

新经济移民理论认为引发移民的动因不是两地绝对收入的差距，而是基于同参照群体比较后可能产生的相对剥夺感和相对满足感。剥夺具有双重含义，一方面是指客观经济的被剥夺状态，亦即不公正的待遇，一些人群最基本的生活需求得不到满足的状况。另一方面是指被剥夺者的一种主观心理状态，亦即相对剥夺，指在与其他地位较高、生活条件较好的群体相比较时，个人或群体所产生的一种需求得不到满足的心理状态。从农民工的角度而言，存在着"多阶剥夺"，这个群体在他的生命周期中，受到前后相继的、多次的和累加的剥夺，既有客观经济状态的被剥夺状态，也有相对剥夺的主观心理状态。2003年以来，政府在减少绝对剥夺方面做了很多工作，提出一系列针对绝对剥夺现象的政策，如废除《城市流浪乞讨人员收容遣送办法》、取消对农民工的证件收费和行政收费、严查拖欠农民工工资等举措。[②]

1949年以后，中国的现代化建设是从经济建设开始的。改革开放后，经济建设成为现代化建设的中心。"中国的改革开放尽管是由国家率先发动的，但它的理由却根植于社会，制度的创新发轫于政

[①] 李强：《影响中国城乡流动人口的推力和拉力因素分析》，《中国社会科学》2003年第1期。
[②] 李强：《社会学的"剥夺"理论与我国农民工问题》，《学术界》2004年第4期。

治中心之外的广大边缘地带,然后逐渐回馈影响到政治中心,促成改革的全面深入发展。"① 中国的城乡收入差距在改革开放以来经历过一个先缩小随后持续扩大的变化。刘易斯模型解释了城乡居民收入水平的绝对差距是造成人口在城乡间流动的原因,托达罗修正了刘易斯模型,认为造成人口城乡迁移的原因不是现实的城乡实际收入差距,而是"预期收入"差距。但这两种模型均以城乡统一的劳动力市场为假设前提,将劳动力的转移看成是一种毫无障碍的过程,其假设前提与我国的现实情况相差甚远。②

研究表明,在这个过程中,劳动力从低生产率部门(如农业)向高生产率部门(如工业)的转移,是中国改革开放以来经济增长的一个重要源泉。劳动力流动对国内生产总值的贡献份额在16%~20%。③ 20世纪90年代以前,乡镇企业是农村非农就业的主要贡献者。1996~2003年乡镇企业处于停滞状态,之后再次增长。个体户和私营企业在20世纪90年代以来也成为农村劳动力越来越重要的就业场所。

从经济发展的角度而言,存在一定的动势能差,人为构建一种使这种势能差存在的制度,是一种推动经济发展的有效方式。但这与人类社会发展的基本原则和未来目标无疑是相悖的。即使再强调客观条件的限制和功能上的作用,也需要不断创造一种更为公平的、更为有效的经济发展体制。这是因为,经济的整体发展不能以牺牲某一部分群体的利益为代价,无论其出发点被证明是如何的有效,无论其描绘的未来多么美妙,这在终极意义上都是不公平、不正义的,更何况具体的人只能活在当下,而不能活在关于未来的种种美

---

① 陈明明:《比较现代化·市民社会·新制度主义——关于20世纪80、90年代中国政治研究的三个理论视角》,《战略与管理》2001年第4期。
② 李勋来、李国平:《农村劳动力转移模型及实证分析》,《财经研究》2005年第6期。
③ 蔡昉、杨涛:《城乡收入差距的政治经济学》,《中国社会科学》2000年第4期。

好的想象中。

从社会治理的角度而言，其目标无疑是推动多元化个体的主体性、平等性和公平性的发展，以最终实现社会正义。

虹吸

虹吸现象是液态分子间引力与位能差所造成的，即利用水柱压力差，使水上升后再流到低处，水流的这种运动主要是由于大气压力而形成的。但虹吸作用也可以基于液体分子之间的内聚力在真空中产生，而不必借由大气压力。

城市与乡村之间的经济、社会、文化的差距使得流动的"虹吸效应"产生。假如政府不对城乡的生产活动和要素市场进行干预的话，资本和劳动力的配置将会做出调整，使得两个地区的报酬趋于相等。相反，当观察到在城乡同质劳动力之间有很大的收入差异时，就意味着存在政府干预及其相应制度扭曲导致了生产要素的错误配置。在1952~1978年，基于当时的国内外环境，政府选择重工业优先发展战略，并通过三套马车（农产品统购统销、人民公社制度、户籍制度）来落实。通过工农业产品的价格剪刀差转移农业剩余资源至城市与工业之中。控制劳动力流动是推行这个战略的关键，因为这个制度压低了城市的生活成本，因此必须限制地区之间和部门之间的劳动力流动，由此人民公社的建立提供了有效的制度形式。[1]这就形成了资本过度集中在城市产业，劳动力过度集中在农业的严重扭曲。

改革开放后，国家发展重心的改变、社会体制的改革以及社会管理形式的转变使得流动越来越成为推动经济社会发展的重要推动力，更重要的是，未来的发展趋势已经蕴含在当前流动的动力、形

---

[1] 蔡昉、杨涛：《城乡收入差距的政治经济学》，《中国社会科学》2000年第4期。

式等特点之中。流动越来越脱离原有的动力基础，而更多地倾向于自我价值、生活方式和文化体验，经济和社会发展不再成为流动的主要目标，而是作为流动的副产品而存在。

流动也如虹吸效应一样，一旦形成，就不会再停止。即使不存在外力的作用，流动也会成为常态而得以继续。随着城乡一体化建设、城乡差距的不断扩大、文化的包容性发展，当城乡不再具有制度和身份上的差异时，流动仍然会继续。这不仅仅是惯性的作用，更重要的是流动在未来将会成为一种社会形成方式、个体存在方式。

布迪厄的惯习说可被用于剖析移民之理性或非理性选择的连接点，他认为，移民行为内化为超越意识控制的、具有衍生性的惯习时，即使诱发初始移民行为的客观环境发生变化，被局外人断定为非理性的移民行为在该群体内仍会获得认可而得以延续。

第四节　信息负熵：流动与文明

熵与负熵

熵是热力学中用来表示物质状态的参量，其物理意义是体系混乱程度的度量，反映了自发过程中不可逆的物质状态参量。热力学定律有三：一是物质和能量守恒定律，物质和能量之间可以相互转换，但总量不变。二是熵增定律，热量自发地从温度高的物体传递到温度低的物体，反之则不可，或不可能从单一热源吸取热量全部转化为功而不产生其他影响，或不可逆热力过程中的熵总会增加。三是绝对零度不可能达到，只能无限接近。

在整个宇宙的产生、发展、消亡的过程中，热力学定律是需要遵循的基本定律。这其中，热力学第二定律对人类思考自身和宇宙产生了巨大的影响。爱因斯坦将熵理论称为整个科学的"第一法则",亚瑟·艾丁顿也认为熵理论"在大自然法则中占到至高无上的地位,……如果你的理论被发现违反了热力学第二定律,我可以告诉你,你的理论是没有希望的;除了在奇耻大辱中失败,你什么也得不到"。①

在一个孤立的系统中,由于熵的微增量总是大于零,系统的无序与混沌会持续增加。一个活的系统被放在一个环境里,由于各种摩擦阻力的结果,所有的运动都将很快地停顿下来。此后整个系统衰退成死寂的无生气的一团物质,达到了一种持久不变的状态,其中不再出现可观察的事件。② 这种衰竭的过程有快有慢,有的只需要几秒,甚至是纳秒级的时间就够了,有的则需要几天、几年、几个世纪。

物理学家普利高津创立了"耗散结构论",把热力学定律与生命现象联系起来,认为生命的过程必然遵循某种复杂的物理定律。薛定谔用"负熵"的概念来寻求避免"热寂"的结果。耗散结构论把宏观系统区分为三种:与外界既无能量交换又无物质交换的孤立系;与外界有能量交换但无物质交换的封闭系;与外界既有能量交换又有物质交换的开放系。开放系统由于自组织、非线性、远离平衡区的特点而形成稳定有序的耗散结构。

如果把人类社会看作是一个系统,那么在其发展过程中,虽然系统内不断地形成耗散结构,但如果将人类生存的外部环境——自然环境乃至整个宇宙——看作一个更大的系统的话,那么这个更大的系统仍然是一个熵增、无序的系统。基于热力学第二定律,出现了两种关于未来的判断:达尔文的进化论所反映的系统从无序走向有序,以及克劳修斯的系统从有序走向无序。二者并不矛盾,只是

---

① 〔美〕加来道雄:《平行宇宙》,伍义生、包新周译,重庆出版社,2016,第 217 页。
② 〔奥〕埃尔温·薛定谔:《生命是什么》,罗来欧、罗辽复译,湖南科学技术出版社,2003,第 68 页。

对系统的认知不同，都只是对宇宙演化序列认知中的一个环节。

无论是积极的进化论还是消极的无序论，均是从不同角度对人类社会未来的思考，均是考虑如何维持系统的生存与发展。其中，自然科学的研究对于哲学社会科学的认知起到了重要的认知范式转换的作用。"负熵"思想引进后，形成社会的"有序"成为最早解决熵增、无序发展的重要哲学指导。"生命以负熵为生"，不断地汲取负熵是一个生命有机体具有推迟趋向热力学平衡——"死亡"的奇妙的能力。取负号的熵正是"有序"的一个量度。熵代表的是无序，负熵代表的则是有序。这样，"一个有机体使它自身稳定在一个高度有序水平上（等于相当低的熵的水平上）所用的办法，确实是在于从周围环境中不断地汲取序。……就高等动物而言，它们完全以汲取序而生是人们早就知道的事实。因为被它们作为食物的、不同复杂程度的有机物中，物质的状态是极为有序的。动物在利用这些食物以后，排泄出来的则是大大降解了的东西。然而还不是彻底的降解，因为植物还能够利用它。（当然，对于植物来说，太阳光是'负熵'的最有力的提供者）感谢太阳带给我能源、能量和食物，更要感谢太阳带给我们负熵！"[①]

如果把人类社会看作是社会有机体，那么耗散结构、开放系统、负熵流就成为社会有序发展必不可少的要素。社会治理的基本条件和要素也就出现了：系统开放，更大系统的跨界、互动、交流，信息的传播，自组织的形成等。

---

① 〔奥〕埃尔温·薛定谔：《生命是什么》，罗来欧、罗辽复译，湖南科学技术出版社，2003，第68页。

| 第二章 |

初民社会与群像

第一节 寂静的乡村：社会结构剖面与惯性

如果没有外力的干扰，在一个自给自足、近乎封闭的乡村共同体中，"发展"几乎是无波澜的，虽历经千年，变化却微不足道。时间在这里仿佛凝固、停止了，一代代人几乎是重复着上一代或上几代的故事。自然科学中所讲的宇宙变慢、时间停止、任何事物都将冻结仿佛在这里得以具象、实现。

改革开放前，城乡之间几乎是彼此独立、彼此封闭的空间，除了有限的官方通道和民间形成的地下通道以外，相互之间几无交流。可以用剖面的方式对当时处于农村的农民进行分析，进而形成一个概括的印象。

惯性

平衡是物体机械运动的特殊形式，严格地说，物体相对于惯性参照系处于静止或做匀速直线运动的状态，即加速度为零的状态都称为平衡。在这种科学认知下，人们对于平衡、运动、世界的存在形式是决定论性质的。面对浩瀚的宇宙，借由当时的科学理性，① 这

---

① 科学是一个过程，不断证实与证伪的过程，甚至在更为意志自由的角度，是一种选择的结果。

种认知不断得以强化。

伽利略的思想实验以后，自亚里士多德以来所一直秉持的观念——力是运动的原因——得以改变：不受外力作用的物体将保持静止或匀速直线运动。伽利略的"理想斜面实验"和科学推理改变的不仅仅是对物理学的认知，更重要的是让我们能够超越当前的"科技"而对相应的关系进行严谨的推理，进而推动对世界认知的进化。

这种思想实验并不需要多么复杂的设计，只需要我们关注日常生活中最为普通的现象，勇于抛弃既有的知识、经验所形成的思维方式和心智模式，观察、观察、再观察，进而对现存的各种现象进行在这个阶段更为面向未来的思考，那么，即使是最简单的现象也会给我们超乎想象的启示。

在看待相关制度的形成及发展过程的时候，需要再次重复在哲学上无数次被引用、争论过的名言——"凡是合乎理性的东西都是现实的；凡是现实的东西都是合乎理性的"。

户口制度

新中国成立后，出于当时社会管理、国家战略发展的需要，把农民固定在土地上成为必要的社会管理工具。即使在现代社会中用个人自由和契约关系替代了身份连带责任，身份权退而居其次，但在包括中国在内的诸多国家，身份责任仍然存在。在中国也仍然存在一些隐性的保甲制度，比较典型地体现在基于地域的户籍制度和基于身份的单位制度。如单位制度融合了户籍、人事、档案等多项职能，在信息真实性、有效性等方面，单位起着重要的枢纽作用，[①]户籍制度同样具备类似的功能。因此，新中国成立初期，这两种制

[①] 张维迎、邓峰：《信息、激励与连带责任——对中国古代连坐、保甲制度的法和经济学解释》，《中国社会科学》2003年第3期。

度成为最有效的社会管理工具。这个过程可以说是一个反城市化而形成社会平衡状态的过程。由此，一个弹性的社会逐渐钢化，并逐步封闭起来。而一旦社会的钢化过程完成，惯性将发挥重要的作用。

户籍制度是一项与资源配置和利益分配密切相关的制度，并由之形成了一项基本的社会管理体制。户口的管理①是社会秩序的形成过程，而这需要公权力逐步渗透进社会。户口的管理从最初的秩序形成到与衣食住行结合从而实现相应的全能目标，包括政治上的，

---

① 关于户口和身份的部分相关文件：1953 年、1954 年、1955 年、1957 年，中央政府都发布文件劝阻农民盲目流入城市。1997 年国务院第一次正式提出严格控制农转非。1982 年 5 月，国务院颁布了《城市流浪乞讨人员收容遣送办法》，并于 1991 年作出修改将收容对象从乞讨者和其他露宿街头生活无着落者扩大为无合法证件、无固定住所、无稳定收入人员的"三无人员"。1997 年以后，我国部分省市开始逐步建立农村最低生活保障制度，如广东、浙江等省出台相关地方性法规，以法律的形式将农民纳入到社会保障范围。2007 年中共中央、国务院颁发的《关于积极发展现代农业扎实推进社会主义新农村建设的若干意见》中明确提出：要于年内在全国范围内建立农村最低生活保障制度，将符合条件的农村贫困人口纳入保障范围，重点保障病残、年老体弱、丧失劳动能力等生活常年困难的农村居民，并确保在年内将最低生活保障金发放到户。2002 年上海市出台《上海市外来从业人员综合保险暂行办法》，建立起专门针对外来从业人员的综合社会保险制度。劳动和社会保障部于 2003 年和 2004 年分别出台《关于城镇灵活就业人员参加基本医疗保险的指导意见》和《关于推进混合所有制企业和非公有制经济组织从业人员参加医疗保险的意见》，明确要求各地劳动保障部门将与用人单位形成劳动关系的农村进城务工人员纳入医疗保险范围。2003 年，国务院办公厅《关于做好农民进城务工就业管理和服务工作的通知》将进城务工就业的子女称为农民工子女。2003 年 5 月 1 日起，江苏省全面推行以居住地登记户口为基本形式的新型户籍管理制度，湖北省也于 2004 年取消农业、非农业户口的性质区分，统一为居民户口。2003 年 9 月，国务院办公厅转发了教育部等六部门《关于进一步做好进城务工就业农民子女义务教育工作的意见》。2006 年国务院发布《关于解决农民工问题的若干意见》，强调抓紧解决农民工大病医疗保障问题，随后劳动和社会保障部发布实施细则，明确提出落实的目标。2003 年初，国务院办公厅转发卫生部、财政部和农业部三部门《关于建立新型农村合作医疗制度意见》的通知中提出到 2010 年在全国建立覆盖农村居民的新型合作医疗制度的目标。2006 年 5 月，劳动和社会保障部出台《推进农民工参加工伤保险三年计划》，也称"平安计划"，其目标是用三年时间将煤矿、建筑等高风险企业的农民工基本覆盖到工伤保险制度中。1986 年我国开始探索实行农村社会养老保险，1998 年后这项工作进入停滞状态，1999 年国务院决定对已有业务进行清理整顿，停止接受新业务，有条件的地区逐步转向商业保险。2007 年中共中央、国务院颁发《关于积极发展现代农业扎实推进社会主义新农村建设的若干意见》，提出探索建立多种形式的农村养老保险制度，农村社会养老保险重新探索建立。2010 年中央一号文件首次提出"新生代农民工"一词。新生代农民工是指 1980 年以后出生，并在城镇务工的新型农民工，他们伴随着改革开放、信息社会而成长。

经济上的，还有社会上的。

1958年《户口登记条例》成为行政部门限制个人迁徙、进行资源分配的权力的法律依据。与1955年的《国务院关于建立经常户口登记制度的指示》相比，1958年的条例将迁移的审批权力从迁出地的人民委员会改为迁入地的国家企事业机关或户口主管机关。

1958年2月，国务院发布了《关于制止农村人口盲目外流的指示的补充通知》。1961年6月的《关于减少城镇人口和压缩城镇粮销量的九条办法》规定，要求三年内城镇人口必须减少2000万，这是第一次反城市化运动。之后广大城市知识青年"上山下乡"是第二次反城市化运动。"在高度集中的行政化控制下，当个人丧失自主选择权以及对自己行动的控制权时，社会结构的有机整合变得相当困难，社会运行难以协调，众多环节通常就需要强制性的调节，否则社会系统紊乱在所难免，但强制的调节往往只能暂时奏效，不能保证社会系统自身和谐发展。"① 一方面是反城市化的政策，另一方面"与重工业优先发展战略相关的一整套干预政策导致了稳定的城市偏向。"② "赶超型"工业化的最大特点就是造成社会对政治权威的极度依赖，政治权力可以不受限制地渗入和控制社会每一个领域和每一个阶层。③

1977年11月，国务院批转《公安部关于处理户口迁移的规定》中指出，"从农村迁往市、镇（含矿区、林区等，下同），由农业人口转为非农业人口，从其他市迁往北京、上海、天津三市的，要严加控制。从镇迁往市，从小市迁往大市，从一般农村迁往市郊、镇郊农

---

① 陆益龙：《1949年后的中国户籍制度：结构与变迁》，《北京大学学报（哲学社会科学版）》2002年第3期。
② 蔡昉、杨涛：《城乡收入差距的政治经济学》，《中国社会科学》2000年第4期。
③ 陈明明：《比较现代化·市民社会·新制度主义——关于20世纪80、90年代中国政治研究的三个理论视角》，《战略与管理》2001年第4期。

村或国营农场、蔬菜队、经济作物区的,应适当控制。"这是第一次正式提出严格控制"农转非"。此后公安部在《关于认真贯彻〈国务院批转"公安部关于处理户口迁移的规定"的通知〉的意见》中具体规定了"农转非"的内部控制指标,即每年从农村迁入市镇的"农转非"人数不得超过现有非农业人口的1.5‰,后又调整至不超过2‰。1984年10月,国务院发布的《关于农民进入集镇落户问题的通知》中规定,"凡申请到集镇务工、经商、办服务业的农民和家属,在集镇有固定住所,有经营能力,或在乡镇企事业单位长期务工的,公安部门应准予落常住户口,及时办理入户手续,发给《自理口粮户口簿》,统计为非农业人口。粮食部门要做好加价粮油的供应工作,可发给《加价粮油供应证》。地方政府要为他们建房、买房、租房提供方便,建房用地,要按照国家有关规定和集镇建设规划办理"。于是"自理口粮户"这种介于农村户口与城市户口之间的非农业户口出现了。同时还规定了"对到集镇落户的,要事先办好承包土地的转让手续,不得撂荒;一旦因故返乡的应准予迁回落户,不得拒绝。""农转非"指标的出现强化了户口的价值意识、等级意识和区别意识。

20世纪80年代后,户籍制度改革在各种经济、社会改革的刺激下也开始出现。如1986年安徽滁州市天长县秦栏镇的"绿卡户籍制"、1992年浙江温州的"绿卡制"、1993年上海推行的"蓝印户口制"、1995年广东深圳施行"蓝印户口制"。主要是通过户口政策的改革吸引资金和人才。如上海市的部分地区实行"投资入户""购房入户"和"蓝印户口"等政策,以吸引人才和资金。《上海市鼓励外地投资浦东新区的暂行办法》规定,对投资人民币500万元以上、开业满两年、经济效益显著的外地投资企业,可允许申请若干名上海市常住集体户口或常住户口指标,以解决其确属工作需要又长期在沪的业务骨干的户口问题。

1985年9月，全国人大常委会颁布实施《中华人民共和国居民身份证条例》，其中规定，凡16岁以上的中华人民共和国公民，均须申领居民身份证，这项规定为人口管理的现代化打下了基础。

1979~1983年控制流动时期，相关政策在放开城镇职工流动的同时，也强化了对农村劳动力流动的限制和管理，如1981年国务院下发《关于严格控制农村劳动力进城务工和农业人口转为非农业人口的通知》，提出严格控制从农村招工，认真清理企业、事业单位使用的农村劳动力，增强户口和粮食管理。1984~1988年允许流动时期，国家准许农民自筹资金、自理口粮，进入城镇务工经商，如1985年1月中共中央、国务院下发《关于进一步活跃农村经济的十项政策》规定，要进一步扩大城乡经济交往，允许农民进城开店设坊，兴办服务业，提供各种劳务。城市要在用地和服务设施方面提供便利条件。1989~1991年对前一个时期的农村劳动力流动政策进行了局部的调整，加强了对盲目流动的管理，如1989年3月国务院办公厅下发《关于严格控制民工盲目外出的紧急通知》，要求各地人民政府采取有效措施，严格控制当地民工盲目外出，1991年国务院办公厅下发《关于劝阻民工盲目去广东的通知》，要求各级人民政府从严或暂停办理民工外出务工手续，回乡过节民工，如果没有签订续聘合同，要劝阻他们不要再盲目进粤寻找工作。返回工作岗位履约的民工，不要盲目带人到广东。1992~2000年是规范流动时期，鼓励、引导和实行宏观调控下的有序流动，开始实施以就业证（卡）管理为中心的农村劳动力跨地区流动的就业制度，并对小城镇户籍管理制度进行改革，如1995年中共中央办公厅、国务院办公厅下发的《关于加强流动人口管理工作的意见》中提出，促进农村剩余劳动力就地就近转移，提高流动的组织化、有序化程度，实行统一的流动人口就业证和暂住证制度。1997 年 6 月，国务院批转公安部《关于小城镇户籍管理制度改革试点方案》提出适时进行户籍管理制度改革，促进农村剩余劳动力就近、有序向小城镇转移。2000 年以后的公平流动时期，国家关于农村劳动力流动就业的政策发生了积极变化，逐步取消相关限制以实现城乡劳动力市场一体化，推进相关配套制度改革，如 2001 年颁发的《国民经济和社会发展第十个五年计划纲要》中提出，要打破城乡分割体制，逐步建立市场经济体制下的新型城乡关系，改革城镇户籍制度，形成城乡人口有序流动机制，取消对农村劳动力进入城市就业的不合理限制。①

2001 年 3 月 30 日，国务院批转公安部《关于推进小城镇户籍管理制度改革的意见》，小城镇户籍制度改革全面推进。2014 年 7 月 30 日，国务院公布了《国务院关于进一步推进户籍制度改革的意见》，这意味着中国实行了半个多世纪的"农业"和"非农业"二元户籍管理模式将退出历史舞台。

但普通的打工者有那么渴望获得城市户口么？2003 年郑州市宽松的户籍制度改革吸引了大量外来人口，却因城市不堪重负而在次年部分叫停。2010 年广东省在中山市试点实行积分入户政策，之后在全省全面实行。2002 年"中国家庭收入调查"的研究显示，户籍制度对流动人口收入的影响非常显著，户籍限制对倾向得分较低的流动人口的收入效应是正向的，对倾向得分较高（能力较强）的流动人口产生影响为负。②如果说农民工是为了得到更高的收入而倾向于获得户口，农民工的分化使得这个群体不会有统一的选择，更何况农民流向城市的原因和动力随着时代的变化而趋于多样化：更高的经济收入，体验城市生活，寻找更好的发展机

---

① 宋宏远、黄华波、刘光明：《关于农村劳动力流动的政策问题分析》，《管理世界》2002 年第 5 期。
② 魏万青：《户籍制度改革对流动人口收入的影响研究》，《社会学研究》2012 年第 1 期。

遇等。

　　正如户口迁移制度和规则都是由"非农业户口"者来制定一样，强调自由迁徙、户口迁移的人往往是已经获得城镇户口或有能力在迁入地过上体面生活的人。正如学者所观察到的那样，新中国成立后一直存在着城市偏向，发展重工业必然要通过转移农业资源进入工业从而形成资源与资本的城市聚集，改革后先降低了城市居民的相对福利，继而城市居民对政府施加压力以进行政策调整，从而导致有利于他们的收入再分配。①"用斯科特的话说，现代国家总是倾向于重新安排人口、让社会更加清晰，以便更容易行使古典的国家职能，……地方政府按照科学规划进行的城市化，其实不一定是科学的，他们实际上注重和得到的是斯科特所谓的符合其美学的、关于现代农村与城市化的'视觉编码'。"② 在这个过程中，"我"可能仅仅是那个编码中的一个字节而已。在每个国家的政府中均存在类似的倾向。基于国际、国内的特殊环境，通过户籍制度把人固定在某一空间并基于剪刀差来进行相应的国家战略发展无疑是当时实现国家公共管理和社会管理的主要方式，且这种方式是通过信息的严重不对称来实现的。而政府部门在进行决策时往往任意扩大株连范围，这很大程度上是一种变种的集体性惩罚，但之所以经常没有效率，是因为有关政府部门在做决策时为了"省事"或者基于部门的"隧道视野"，"为了规避自己的责任，而没有考虑市场的信息结构，没有考虑社会的机会成本"。③ 随着改革的不断深化，户籍制度的改革成为必然。

---

① 蔡昉、杨涛：《城乡收入差距的政治经济学》，《中国社会科学》2000年第4期。
② 毛丹、王燕锋：《J市农民为什么不愿意做市民》，《社会学研究》2006年第6期。
③ 张维迎、邓峰：《信息、激励与连带责任——对中国古代连坐、保甲制度的法和经济学解释》，《中国社会科学》2003年第3期。

第二节 引力递减与差序格局：传统的社会结构

引力递减

牛顿在《自然哲学的数学原理》第三卷中写道："最后，如果由实验和天文学观测，普遍显示出地球周围的一切天体被地球重力所吸引，并且其重力与它们各自含有的物质之量成比例，则月球同样按照物质之量被地球重力所吸引。另一方面，它显示出，我们的海洋被月球重力所吸引；并且一切行星相互被重力所吸引，彗星同样被太阳的重力所吸引。由于这个规则，我们必须普遍承认，一切物体，不论是什么，都被赋予了相互的引力（gravitation）的原理。"万有引力的常数值是由卡文迪许利用扭秤测出的。简单表述，万有引力是指任意两个质点通过连心线方向上的力相互吸引，该引力大小与它们质量的乘积成正比，与它们距离的平方成反比，与两物体的化学组成和其间介质种类无关。因此，随着两物体距离的增加，其引力会递减。

这一点在人类社会中也表现出来。亚里士多德说，人天生是一种政治动物。这里的"政治"更多是指一种互动式的、社群式的关系。而最能够表现万有引力大小与物体之间的距离的平方成反比的关系的无疑就是中国的差序格局，而其中的"常数"就是血缘以及基于定居而产生的地缘关系。

差序格局：你是谁？

马克思认为，"我们越往前追溯历史，个人，从而也是进行生产的个人，就越表现为不独立，从属于一个较大的整体。"① 这个"整体"之间的关系在西方与中国的文化中存在明显的区别：一个是团体社会，一个是差序格局。"中国传统社会所注重的人际关系，其意涵不同于西方，它不是独立个体之间通过交往而建立的可选择的关系；其逻辑起点，与其说是己，不如说是家庭、家族、亲缘关系和血缘关系。家族、血缘关系是己的思维定式。中国人的'关系'其实质是先赋性的，这种先赋性关系在几千年的文明发展中也逐渐被泛化在社会生活的各个方面，在正式组织和公众关系中，总是潜藏着另一种亲缘式的关系，二者形成表里。"②

在中国传统农村包括新中国成立后的农村，个体的身份认定还是通过参照系来确定的。在农村，当碰到一个不认识的孩子时，一般会问这是谁家的孩子？他的父亲是谁？爷爷是谁？基于此来判定"己"在这个孩子的关系格局中的相对位置，并由此来选择关系处理的方式。在介绍自己时，称谓很多时候也是通过一种相对位置来指代的，如孩子他爹、在下、草民等。在这里，"五服"就是中国的传统伦理。

费孝通先生用"差序格局"这一概念概括了中国传统的社会结构和人际关系的特点，他认为，"我们的格局不是一捆一捆扎清楚的柴，而是好像把一块石头丢在水面上所发生的一圈圈推出去的波纹。每个人都是他社会影响所推出去的圈子的中心。被圈子的波纹所推及的就发生联系，每个人在某一时间某一地点所动用的圈子是不一定相同的"。③ 这里最有意思的是一个"推"字，中国传统社会格局是以家庭为核心的血缘关系这块"石头"所推动的，而血缘关系的

---

① 中央编译局编《马克思和恩格斯选集》（第二版第二卷），人民出版社，1995，第2页。
② 卜长莉：《"差序格局"的理论诠释及现代内涵》，《社会学研究》2003年第1期。
③ 费孝通：《乡土中国·生育制度》，北京大学出版社，1998，第26页。

投影又形成地缘关系，二者是不可分离的。① "以己为中心，像石头一般投入水中，和别人所联系成的社会关系，不像团体中的分子一般大家立在一个平面上的，而是像水的波纹一般，一圈圈推出去，愈推愈远，也愈推愈薄。""在这种富于伸缩性的网络里，随时随地是有一个'己'作为中心的，这并不是个人主义，而是自我主义"。② 作为"己"的实体不具有独立性，无论是人格上的还是经济上的，其是要通过参照血缘、亲缘等来确定自身的位置的。"己"只有在关系中才具有意义，其形成和完善过程即是人伦教化的过程。

差序格局实际上也是一种对社会稀缺资源进行配置的模式或格局。③ 差序格局的封闭性，在自给自足的自然经济条件下，资源基本上由家族所掌握。无论是物质的还是社会关系的。家族中的权力地位、财产享有与处置、身份地位、婚姻关系等均是按照差序格局进行分配的。如女儿外嫁，在历朝历代，在财产继承上，未嫁的女儿只能分得少量嫁资，出嫁的女儿完全没有取得母家遗产的资格。在婚姻关系上也要门当户对、良贱禁婚的。④ "儒家那套规范人与人相处之道的伦理，实际上就成为了通过对个体相互间的角色定位来形塑社会结构与秩序的基本原则。"⑤

差序格局的圈圈使得公与私的概念只是相对的。与歌德的"自我化"和"无我化"及马克斯·韦伯的"意向伦理""责任伦理"相类似，孔子的"子为父隐，父为子隐"这一为今人诟病的伪证行为，曾为法律所允许，"自令子首匿父母，妻匿夫，孙匿大父母，皆勿坐"。⑥

---

① 费孝通：《乡土中国·生育制度》，北京大学出版社，1998，第 70 页。
② 费孝通：《乡土中国·生育制度》，北京大学出版社，1998，第 27~28 页。
③ 孙立平：《"关系"、社会关系与社会结构》，《社会学研究》1996 年第 5 期。
④ 从婚姻关系的角度来讲，这个规定在现代社会还是有现实意义的。在保证双方个体的自由选择权的基础上，是需要考虑门当户对的，一般来讲，如果两个人的价值观、行为方式等是近似的，那么其可能产生的冲突会比较小。
⑤ 卜长莉：《"差序格局"的理论诠释及现代内涵》，《社会学研究》2003 年第 1 期。
⑥ 《汉书·宣帝纪》。

差序本身是一个复杂的结构，不再单纯是儒家的伦理差序，而是包括伦理、情感与利益这三个维度的差序。① 1949年以后，特别是1978年改革开放以来，中国社会的稀缺资源配置制度和方式产生了变化，出现了国家权力授予关系、市场交换关系和非制度性安排（社会关系网络）三种社会资源配置方式。但传统的差序格局依然有存在的社会基础，血缘关系和地缘关系仍然是当代中国农民主导性的人际关系，家长权力与精英管理同时并存，差序格局与社会分层同时并存，礼治与法治并存，作为差序格局主要内容的人伦中的很多内容依然存续并继续发挥着重要作用。② 正如我们现在碰到一个人时会问他是哪里人，哪个单位的。"哥们""亲"等类亲属称呼的符号体系在现代化的组织中也普遍存在。

因此，在城市化、现代化的过程中，社会流动治理首先应确定构成社会结构的基本关系是什么。在城市中的陌生社会、商业理性的社会中，基于原子化的个人的流动治理方式是可取的，但是对于广大的农村社会，熟人社会、宗族关系、地缘关系等形成的差序格局就更为注重从整体的、社区的、家族的层面上来构建社会治理。因此，在我国，流动治理既不能简单地运用西方的基于个体的、基于权利的方式，也不能完全沿用基于集体的、基于义务的方式，更不能简单地寻求两种治理方式的折中，真正重要的是基于中国的传统文化、社会结构、地方知识建构起真正具有中国特色，同时又对全球流动治理乃至整个人类社会治理具有特殊贡献的方式。本书将这种流动方式称之为责任治理，它既不是基于权利的对抗式治理，也不是基于集体泯灭个体主体性的一统性治理，而是基于个体自我积极认知基础上的，主动对社会的正向改革与变迁赋予自身义务的

---

① 陈俊杰、陈震：《"差序格局"再思考》，《社会科学战线》1998年第1期。
② 卜长莉：《"差序格局"的理论诠释及现代内涵》，《社会学研究》2003年第1期。

责任治理。

第三节 理性小农与理性扩张

农民不仅是指从事农业生产活动的人，同时也包括具有农民意识的人。亨廷顿、摩尔德尔等人在分析农民在传统社会向现代理性社会过渡中的作用时，均认为其是一种革命性力量，扮演着关键性的"钟摆"角色。但对农民在社会、经济建设中的作用要么语焉不详，要么认为其"毫无贡献"。农业理性与农业社会相匹配，主要适应生存的需要，是生存理性。但正是"保守"的农民促成了一个个新兴国家的崛起；而新兴国家面临的主要问题仍然是农民的贫困问题。于是，自20世纪60~70年代起，传统农民被纳入社会科学研究的视野，"出现了'所谓农民学辉煌的十年'。有人甚至说这一时期农民研究领域取得的划时代进展可以和物理学领域中牛顿定律的发现相比拟"。[①]

在中国这样一个社会，三代及三代以上从事非农业生产的人群占极少数。中国农业的特征使得农民并不将收入最大化排在第一位，而是将生存排在第一位，其所谓经济学的偏好与选择均是围绕生存进行的安排。农民的理性扎根于环境，深植于社会心理结构中的意识，形成所谓的农民理性，即在长期农业生产活动中形成的意识、态度和看法，不仅来自本人的感性经验，还来自长期积淀的传统。中国农民的理性包括勤劳、勤俭、算计、互惠、人情、好学、求稳、忍耐。

农民在进入城市、进入工商业领域后开始理性扩张的过程。理

---

① 徐勇：《农民理性的扩张："中国奇迹"的创造主体分析》，《中国社会科学》2010年第1期。

性扩张是指在特定场域内形成的理性扩展到其他场域，从而使自己的功效得以扩展的过程。农民在进入城市、闯入工商业社会时，由于缺乏商业理性，而基于惯习，充分运用人情这一理性和"制度性规范"，寻求解决自身所遇到的困难。这是农民在进入陌生的工商业社会最重要的交往理性：依靠亲邻外出务工经商，既可以减少和避免外部性风险，降低外部性成本，获得更多收益，又可以进一步增进人情往来。人情可以说是改革开放后中国经济运行的助推剂和润滑剂。随着时间和环境的变化，其理性包括理念、态度和方法也在改变，农业文明和工业文明中的精华要素交互形成的"叠加优势"就会慢慢失去，农民理性由扩张转化为收缩状态。在这种情况下，农民理性扩张有可能形成"叠加劣势"进而嬗变、异化，产生巨大的负能量。

正如舒尔茨所强调的，对传统农业的分析宜从经济上而不宜或不需要从氏族社会的文化特征、制度结构差别、农民特殊品德上去分析。[①] "一旦有了投资机会和有效的刺激，农民将会点石成金。"[②] 农民的问题是一个典型的"社会结构中的公众论题"。

[①] 〔美〕西奥多·W·舒尔茨《改造传统农业》，梁小民译，商务印书馆，1987，第 20～23 页。
[②] 〔美〕西奥多·W·舒尔茨《改造传统农业》，梁小民译，商务印书馆，1987，第 5 页。

| 第三章 |

流动

第一节 空间转换

城市化、半城市化

城市化是农村人口进入城市的过程。城市化的程度与农村流动人口和城市的融合程度、融合领域、融合层次紧密相关。

城市不仅仅是一种社会生产方式,是各种物质要素和物质过程在空间上的集聚,在现代,更是一种生活方式。城市化的含义要从物质要素和精神要素来分析,不同的学科如人口学、地理学、政治学、社会学等可以有不同的定义。"城市通常以人口数量多、人口密集、有行政功能以及社会多样性为特征,使之有别于非城市、郊区和农村地区。在很多发达国家,城市和农村地区在传统意义上的区分已经变得模糊,城市和农村在居住环境上的区别主要在于人口稠密程度。目前没有国际统一的对'城市'一词的界定,对于如何定义某地是否可称为'城市'以及如何确定其边界也没有统一的看法。"[1]

本书不是主要研究什么是城市化、如何城市化,因此在最粗略

---

[1] 《世界移民报告2015:移民和城市——管理人口流动的新合作》(中文电子版),中国与全球化智库译,国际移民组织出版。

的意义上使用这个概念，包括农村不断被城市同化的过程，以及城市文明普及的过程。

从整合理论来看，城市化就是农村人口在城市的一种社会融合，按博兰尼的嵌入观点，就是经济活动与社会、制度和文化的相互嵌入，也就是说，城市化包含三层含义：一是系统层面的整合，即经济系统、社会系统、文化系统和制度系统四者相互衔接。二是社会层面的整合，即农村流动人口在行动、生活方式等方面与城市居民不存在明显的区隔。三是从心理上认同城市社会，对城市有归属感。"半城市化"这个概念是指农村流动人口处在系统整合与社会融合和社会认同之间的一种负面的双向互动关系的状态，系统的不整合对后两者产生了负面影响，后两者又强化了前者。"半城市化"就在于，农村流动人口更多地在经济领域这一层面上与城市发生关系——即使在这个层面上，也更多的是通过非正规就业的形式存在，没有被赋予组织权、社会保障权、发展权等，也没有被当作具有市民或公民身份的主体，体制、生活和社会行动层面被排斥在城市的主流生活、交往圈和文化活动之外，在社会认同上对他们进行有意无意地贬损甚至妖魔化，成为城市社会问题的替罪羊和首选的排斥对象。这也导致了他们对城市社会的复杂情节，逐渐地转向对内群体的认同，寻找内群体的情感支持和社会支持，形成了居住边缘化和生活"孤岛化"的现象，其生活状况表现出非正常化、隔离化和村落化的特征。[①] 最近发生的"下跪取钱"的案例就是一个缩影。

  一张民工在银行脱鞋跪地取款的照片刷屏网络。据拍摄者介绍，农民工看到银行的地面特别干净，自己的鞋子太脏了，怕弄脏地面，不想给拖地的保安带来不必要的麻烦，所以才有

[①] 王春光：《农村流动人口的"半城市化"问题研究》，《社会学研究》2006年第5期。

了跪地取款的一幕。而实际上保安也并不在意,他对农民工说,"没事没事,你进去,一会儿我再拖一次"。①

关于这件事情的评论也是"精彩纷呈"的。这里我只想问几个问题,如果你是个城里人,在鞋不干净的情况下,你去银行取过款么?你取款时对自己鞋子不干净的状况选择采取什么样的举动呢?还是你根本就没意识到自己的鞋子不干净?

1978年开始的家庭联产承包责任制的改革、市场化改革,以及户籍制度的改革使得劳动力流动性增强,但上述时期存在着城市偏向。农民不愿意成为市民的原因可以从经济、安全等方面进行分析。城市化不仅仅是户口的改变,社会保障等福利的享有,更重要的是人际关系、生活方式,和社会意识的重组。为何我要市民化?如果经济、社会保障均平等享有,做个农村人,在自己的安乐窝里生活不是很好么?农民真的不是所谓古典经济学意义上的理性选择者么?农民理性与市民理性,农业理性与市场理性只有在其形成的环境内,才有客观的意义。经常被嘲讽的"小农意识"不也是斤斤计较、利益最大化的经济理性么?

现代化

一提到现代化往往就将其与工业化、理性化、城市化、资本主义化联系在一起,似乎现代化就是一种方向性极强的经济或经济观念转型。但是,现代化并非一个简单的经济过程,而是一个权力和文化相互交织的复杂过程。②

在最简单的意义上,现代化是指人类社会从传统农业社会向现

---

① 《脱鞋跪地取款尊重无关身份》,新华网,http://www.jl.xinhuanet.com/2016-11-10/c_1119888116.htm,最后访问时间:2016年11月30日。
② 王铭铭:《文化变迁和现代性的思考》,《民俗研究》1998年第1期。

代工业社会转变的过程。这个过程对于欧美国家而言是内源的、渐进的，对很多发展中国家而言则是被动的、激进的。"就现代化的特定意义而言，在19世纪后半叶，它只是中国近世社会大变动诸流向中的一个流向；到本世纪初清王朝解体，现代化才异常艰难地上升为诸流向中带有主导性的趋势；到本世纪50年代以后，它才逐渐上升为大变革的主流，即占支配地位的大趋势。"①

但是并不是所有的农民都想通过现代化的"洗礼"而成为市民的。"城郊农民不愿意做居民，不能被简单归为经济利益补偿不足，也不是因为市民化的个别条件不够好，而是因为从农民安全经济学的尺度来看，目前地方政府发起的撤村建居、整体动迁、城中村改造等城市化工程，在很多方面与农民的安全经济学标准有矛盾。"②同时，"地方政府不仅应该从一开始就配套设计和落实城郊进城农民的市民地位、同城待遇，同时还应该尊重城郊农民的选择权利（包括其作为公民的合法不服从的权力）。"③

上述分析还是从经济学的角度进行功利上的分析，但农民不想成为市民的原因还有很多，包括心理、社会等诸多因素，如毛丹、王燕锋所提到的那样，"从就业不安全到政治欠安全，意味着城郊农民在撤村建居过程中所面临的不安全问题具有某种整体性，意味着许多城郊农民不愿做市民并非是农民的个体性的、个别性的困窘，多半是社会结构方面问题使然，而且其严重程度超出了城郊农民关于安全选择的限度"。④

更深层次的问题在于，中国的农村向城市的劳动力流动规模持续增长，但城市化水平依然滞后，城乡差距持续扩大。对于这个与

---

① 罗荣渠：《现代化新论》，北京大学出版社，1993，第243页。
② 毛丹、王燕锋：《J市农民为什么不愿意做市民》，《社会学研究》2006年第6期。
③ 毛丹、王燕锋：《J市农民为什么不愿意做市民》，《社会学研究》2006年第6期。
④ 毛丹、王燕锋：《J市农民为什么不愿意做市民》，《社会学研究》2006年第6期。

传统理论相悖的"谜",① 需要借助城乡分割的经济政策内生决定机制来解释。城市拥有决定城乡决策的权力,从而可以控制农村劳动力流入城市的规模,与广为接受的通过重工业优先发展战略和户籍制度来解释城乡分割的理论相比,城乡分割政策的更为根本的直接的制度背景是城市单方面地拥有城乡政策的决定权。②"农民工既是我国城市化的产物,又是我国城市化滞后的表现,成为我国社会结构转型过程中的一种独特现象。这种独特性折射出农民工的非农化并没有带动他们的社会身份转变,从而使得我国社会结构转型变得更加艰难和复杂。"③ 这种滞后性表现在工业化率与城镇化率的关系之上。在现代化过程中,城市化发展一般超前于工业化发展,如美国在1870年、1940年、1970年的工业化率和城市化率分别为16%、26%,30.3%、56%,26%、74%。而我国在1950年和1992年工业化率比城市化率分别高出2.9个和23个百分点。④ 简言之,农民工在现代化、城市化过程中的被动性使得其对于城市化、现代化的考量更多的是从经济、安全的角度进行。

城中村

当进入一个陌生的环境中而不能很好地融入当地的劳动力市场、经济体系、社会结构、主流文化时,传统的差序格局就会发生作用,利用地缘、血缘关系来抱团取暖是自然的选择。中国人无论是流动到城市还是流动到国外,莫不如此。如唐人街往往就是中国流出地社区组织的"移植"。农村人口向城市流动的差异性在于一个国家的

---

① 这个"谜"是指传统理论认为劳动力的流动与城市化必然带来城乡收入的均等化。城市化水平会高于工业化水平。
② 陈钊、陆铭:《从分割到融合:城乡经济增长与社会和谐的政治经济学》,《经济研究》2008年第1期。
③ 王春光:《农民工的社会流动和社会地位的变化》,《江苏行政学院学报》2003年第4期。
④ 王春光:《农民工的社会流动和社会地位的变化》,《江苏行政学院学报》2003年第4期。

基本政策和基本制度框架以及这种政策和制度框架为农村人口向城市的移民所提供的特有的机会、渠道和限制。就我国而言，人口流动的限制、独特的工业化和城市化策略、城乡之间的二元结构、与户籍制度相关的一系列制度规定以及城市中的单位制是直接影响这种流动的制度背景。①

浙江村代表了中国农民进入城市的"产业—社区型"进入方式。它不像其他一些发展中国家或中国某些经济迅速增长地区那样，由资金、技术的注入和聚集拉动乡村劳动力作为补充要素流动，其核心是来自浙江农村地区的拥有资金、技术、产品市场信息和劳动力的经营者或经营群体，是综合经济要素流动的结果。基于浙江温州的工商业传统和结社传统，其流动是以经营为目的的网络型流动，这一群体网络发挥着保障安全、降低流动中的心理成本、在生活上互助的功能。"浙江村"一旦形成，不依赖先行者特殊引带的向"第二故乡"的流动便开始了。有"第二故乡"作依托，流动的不确定性和成本（包括心理成本）大大降低，人们甚至只依据进京有生意可做、有地方可住的一般性信息便可做出流动的决策。②

即使是在"浙江村"里，也会出现各类冲突，而这些冲突并不总是一致的。传统的差序格局被移植到城市，只有当外来压力比较大的时候，村内各群体才倾向于团结和联合，但一旦外部压力减小或消失，各群体之间的关系远近、分级、冲突就会回归，这种格局是统一在与外部的相互作用中的。③

项飚认为，将社区不再看成实在的"实体"，不再看成是整个社

---

① 王汉生、刘世定、孙立平、项飚：《"浙江村"：中国农民进入城市的一种独特方式》，《社会学研究》1997年第1期。
② 王汉生、刘世定、孙立平、项飚：《"浙江村"：中国农民进入城市的一种独特方式》，《社会学研究》1997年第1期。
③ 项飚：《社区何为——对北京流动人口聚居区的研究》，《社会学研究》1998年第6期。

会的"具体而微",而是人们在"大社会"的背景下进行实践的舞台,"用这样的'社区'视角来看聚居区的问题,提出聚居区是开放的,是和整体社会相互作用的结果,就意味着我们不能再把聚居区本身视为问题。问题出在社区和外界的联系方式上。……西方社会学家和社会工作者对移民聚居区的一般看法:鼓励这些社区内部的自我组织能力,强调独立的'社区意识',并向主流社会'争取'自己的权利,对中国恐怕并不适用。没有必要过分强调这些社区的独特性。关键是要调整原有的城市社会管理体制,让不同的社区按其原有的基础,更好地和各自对应的城市社会体系接轨。"①

从社会网络的视角来分析,浙江村集中代表了中国农民工在流动的方式和方向上存在着的一种重要现象,即在某一大中城市中,某一社区、某一工厂企业、某一建筑工地或某一行业中,往往集中了农村某一地区的某几个村庄的人群。对于这一现象,很多学者的分析认为造成这一现象的原因是农民外出打工的信息往往来源于他们的老乡群体。但依照林南的社会资源理论,为什么在同一农民阶层中社会资源相对不足的情况下,并没有导致他们同其他群体发生交换,而仍然选择内群体呢?传统的农村关系是费孝通所讲的差序格局,这种关系不单指只有通过交往才能结成的纽带,而更多地还是指一种空间概念,或者说一种格局或布局性的概念。因此在分析上述聚集现象时,不宜套用西方学术界经常采用的强关系和弱关系的概念框架进行解释。因为这种框架划分的前提是建立在社会中任何两个独立性个体之上的,但是农村人的关系的建立靠的是天然的血缘与地缘关系,然后再复制或延伸出其他关系,西方的交往理性在这里碰到了障碍,因为即使不存在交往,只要有天然的血缘和地缘关系存在,就可以义务性地和复制性地确保他们之间的亲密和信

---

① 项飚:《社区何为——对北京流动人口聚居区的研究》,《社会学研究》1998年第6期。

任关系。因而，研究中国农民工在流动中的求职过程，首先是研究谁是最可能依赖的人的过程。这个人不是用关系的强弱来划分的，而是由信任度来确定的，是指接收信息的人根据什么因素来判断这个信息为真或者为假。来自农村的农民工，其旧有社会关系中的信任不必靠彼此的友情来培养，而是可以通过社会本身的不流动来得到。换句话说，在一个不发生流动的社会里，即使社会不强调信任，也能确保人与人之间的全方位信任。当然，这就造成了另外一种情况：非天然的、非义务的和生人之间的信任很难建立起来，由此形成了一个低信任度的社会。当农民从一个熟悉的、基于地域和血缘而近乎自然产生信任的社会，进入到城市中时，由于城市是一个现代性的、陌生人的社会，人与人之间的关系是暂时性的和不可预见性的，因而除了具有面对这种陌生感的勇气以外，农民还会从传统社会资源中尽可能地寻求保护，继续寻找基于地缘和血缘的信任关系，甚至是直接在城市中复制、照搬农村的关系网络。"弱关系"会导致一个独立自由的个体在不同群体之间实现垂直或横向的流动，而"强信任"会导致大批的同质性群体流动到一地或同一企业的现象。①

第二节 社会记忆

改革开放后，以"离土不离乡"为模式的乡镇企业展示了既无空间位置上的移动，又无人员的整体性重组的独特的乡村工业化道路，在此过程中，亲缘与业缘交织融混。"宗族与社会的现代化要求在原则上很难相容"的判断并非必然，人们选定某一社会组织形式，

---

① 翟学伟：《社会流动与关系信任——也论关系强度与农民工的求职策略》，《社会学研究》2003 年第 1 期。

不仅出于历史感、归属感等"本体性"需求,具体实际的利益要求和该组织形式的功能实现才是更直接近切的考虑。① 不仅仅在农村新的经济结构和发育过程中,在农村流动人口进入城市、实现定居、融合社会的过程中,亲缘关系仍然是信任结构建立的基础,也是实际获得资源的重要途径。

正是当前我国特有的城乡社会空间与新生代农村流动人口的群体社会记忆之间的互动铸就了他们的社会认同。城乡空间与社会记忆不断建构、解构和重构流动人口的群体特征和社会认同。② 在西方学者看来,中国人的信任存在于血缘关系之内,对家族以外的其他人极度不信任。如韦伯认为,这是由中国文化的特点所造成的,其信任行为属于特殊信任行为而非普遍信任行为,其特点是以血缘性社区为基础,建立在私人关系和家族或准家族关系而非信仰共同体之上。但是在社会生活中,人们之间的实际信任程度是由初始信任度和人际交往共同决定的。对外人初始信任度较低的社会,完全可能因为在交往过程中增加了对外人的信任度,而使得其实际信任度并不低于那些初始信任度较高的社会。③ 在中国传统的差序格局下,内外边界的弹性决定了交往理性可以提升整个社会的信任度。这也表现在"地域株连"上,这种集体性惩罚是因为传统农民进入城市时,往往是通过基于血缘、地缘的连带和熟人社会的运作范式而进行的。④

农民在城市化过程中变得格外敏感,经过城市扩张中市场洗礼

---

① 郭于华:《农村现代化过程中的传统亲缘关系》,《社会学研究》1994 年第 6 期。
② 王春光:《新生代农村流动人口的社会认同与城乡融合的关系》,《社会学研究》2001 年第 3 期。
③ 彭泗清:《信任的建立机制:关系运作和法制手段》,《社会学研究》1999 年第 2 期。
④ 记得在 2004 年有一次从家乡回北京,到达的时间是早上 4 点多,去搭乘出租车时出租车司机问我是哪里人,我回答是山东的,他让我上车了。上车后我问他为何这么问,他说刚看到一个报道,北京的违法案件绝大部分是由外地人所为,其中,又以某省占据一半以上,刚才他听我口音以为我是这个省的,所以准备拒载。当时我想,"原来口音这么重要啊,看来我是要好好练习一下普通话了"。

的理性农民产生了。城中村的村委会在城市化过程中转为街道居委会的困难，说明了村落共同体作为利益内聚空间与体制的博弈。同时，这是非正式经济、地下经济发展的最佳选择：紧挨城市、各种市场要素得到非常便利，流入的人口往往成为城中村最直接的主人，而很多当地人仅仅是收取房租的房东而已。为何会形成浙江村、河南村？这还是由于农村流动人口"安全第一"的生存理性在城市空间中扩张。在政府有效社会管理缺乏的情况下，流动人口最为熟悉的还是农村的地缘、血缘、亲缘的关系与社会网络，直接把农村老家的传统人际关系移植过来无疑是最为直接，也是最为有效的手段。

更有意思的是，在研究城中村所采用的单位制视角下，城中村是拟单位化建构的产物，其中的信任关系较为稳固，尤其是随着城中村集体财富的积累，村民对村集体的依赖会更强。

在这个过程中，社会记忆通过类似的组织形态的移植而得以重现，并在新的空间中进一步增强。

基于此，城市的分层化、地域化、区域化等使得流动治理更加需要多元化的思想指导，基于各个社群的多元文化、社会关系、社会结构来进行更具针对性的设计。

| 第四章 |

适应与同化

第一节 薛定谔的猫：惯习与适应

不确定性

作为构成宏观世界的微小能量和物质，不仅是光和电子，所有的"粒子"和所有的"波"都是波和粒子的混合体。

位置是所有粒子的重要特征，能够被精确定位，然而波没有精确的位置，但它们具有动量。对波的特性知道得越多，对粒子的特性知道得就越少，反过来也一样。没有实践能够同时表明电子既像波又像粒子。量子力学的测不准原理告诉我们根据量子力学的基本方程，不确定性、互补性、概率、观察者对系统的扰动，这些思想汇集起来构成量子力学的"哥本哈根解释"。像电子这样的东西不会同时具有精确的动量和精确的位置，就像海森堡所说："作为一个原理，我们目前不知道它的详细情况。"这就是量子理论和经典力学的确定性思想相分离的地方。① 在不确定性原理的基础上，海森堡、薛定谔和保狄拉克提出量子力学的新理论：粒子不再有分别被很好定义的、能被

---

① 〔英〕约翰·格里宾：《寻找薛定谔的猫：量子物理的奇异世界》，张广才等译，海南出版社，2015，第 99~100、133 页。

同时观测的位置和速度，而代之以位置和速度结合物的量子态。

薛定谔的猫

薛定谔的猫恐怕是物理界最著名、最神奇的一只虚构小动物了，其出生于1935年。它是量子力学的创始人之一——薛定谔为了说明量子力学的不完备而提出的。

> 我们可以设想，在一个匣子中存在一个辐射源、一个用来记录辐射粒子的检测器（可能是一个盖革计数器）、一瓶毒药如氰化物和一只活猫。匣子中的装置使得检测器的打开时间仅足以使辐射材料中的一个原子有百分之五十的机会发生衰变，同时检测器将记录下这个粒子。如果检测器确实记录下一个这样的事件，那么玻璃瓶将破碎，因而猫将死去；否则，猫将活着。在我们打开匣子进行察看之前，是没有办法知道实验结果的。辐射衰变的发生完全是偶然的，除了在统计的意义上之外是不可预测的。根据严格的哥本哈根解释，就像在双孔实验中电子通过两孔中的哪一个孔的概率相同一样，这两种可能性的重叠将产生一个态的"叠加"。所以在这种情况下，辐射衰变与否具有相同的概率，从而产生一个态的叠加。这整个实验，猫和所有的一切，都受这样一个规则支配：只有当我们观察这个实验的时候，叠加才是"真的"，只有在观察的一瞬间，波函数才坍塌为其中一个态。在我们向里观察之前，辐射样品既是衰变的，又是不衰变的；毒药瓶即不被打破，又被打破；猫既是死的，又是活的；既不是活的，也不是死的。①

---

① 〔英〕约翰·格里宾：《寻找薛定谔的猫：量子物理的奇异世界》，张广才等译，海南出版社，2015，第175～177页。

这个既不是"半死不活"又不是"要么死要么活"的猫的存在状态的解释，使得那些持有决定论观点的科学家们备受煎熬。这个观点对于爱因斯坦和其他科学家来说无非是麻醉剂甚至是一个噩梦。爱因斯坦在引述世界由一大堆量子层次上的随机选择决定的理论时说："上帝不会掷骰子。"他不承认薛定谔的猫的非真实形态之说，认为一定有一个内在的机制组成了事物的真实本性。① 确实，用微观的量子力学来分析宏观的日常生活，一切都变得那么诡异。但是量子力学中所预言的对于一个质子的测量对另一个质子具有瞬间效应的影响已经被实验所证明。探索薛定谔的猫就是寻找量子的真实性，但日常所谓的"真实性"在描述组成世界的基本粒子行为时又不是一个好的方法，而且"这些粒子同时连成不可分割的整体，每一个都能觉察到别的粒子发生的事"。②

不确定性原理对我们的世界观有非常深远的影响。到了20世纪30年代，哲学家们开始基于量子力学研究关于因果关系的含义、决定论以及预测未来的困惑。不确定性原理使那个完全确定性的、能够预言未来所有过程的拉普拉斯科学理论寿终正寝，未来在本质上是不可预测的和不确定的，因为我们不能够准确地测量宇宙当前的状态，那么就肯定不能准确地预言将来的事件。然而根据量子力学的规则，人们可以用实验去推算过去，精确地推算出点在过去某一时刻的位置和动量，因此过去是确定的，我们精确地知道我们是从哪里来的，如海森堡所说："原则上我们知道过去的一切细节。"③

---

① 〔英〕约翰·格里宾：《寻找薛定谔的猫：量子物理的奇异世界》，张广才等译，海南出版社，2015，第4页。
② 〔英〕约翰·格里宾：《寻找薛定谔的猫：量子物理的奇异世界》，张广才等译，海南出版社，2015，第5页。
③ 〔英〕约翰·格里宾：《寻找薛定谔的猫：量子物理的奇异世界》，张广才等译，海南出版社，2015，第136页。

看来，最好是采用称为"奥铿剃刀"的经济学原理，将理论中不能被观测到的所有特征都割除掉。

对于流动的人口而言，尤其是对于农民工而言，在其做出选择后或在其流动过程中，我们很难说他的身份究竟是农民还是市民，其自我的认同针对不同的对象，在不同的社会关系、网络中会出现不同的结果。他们既是农民工，又是市民；他们既不是农民工，也不是市民。不存在半农民工半市民、要么是农民工要么是市民的一般性的、整体上的判断。"此我"和"彼我"只有在特定的时空内在具体的观察角度和认知角度下才得以确定，在制度造成身份的天然错位的情况下尤为如此。

身份认同

农民工一旦进入城市处于不断的流动中后，其社会关系、网络和信任机制等的改变使其对自我的认同发生了重要的变化。但何谓农民工？对此仅有一个基本确切的界定：他们来自农村，属于农业户口；农民是他们的社会身份，"农民工"是他们的职业身份；其主要时间不是务农而是从事非农活动，活动领域包括第二、三产业；还有一部分是自雇者进城从事个体工商活动，不包括进城成为企业老板的农村流动人口。其社会身份有两重含义：一是国家制度安排，二是社会认可。这种基本确定的社会身份只有在宏观的统计学上才有意义，对于某个单一个体，这种基本近似或确定的解释不再具有"真实"的意义。

认同是一个社会心理学的概念，由弗洛伊德提出，最初指一种防卫机制。在社会学中，西方学界提出了角色认同、个人认同和社会认同等概念，大体上指人们在一定意义上对自身同一性的意识或内在界定。其最根本的含义是对自我的界定和自我认同，而自我又只能在社会关系当中完成自我界定，类似于托马斯的"情境定义"与库利的

"镜中我"。

简金斯指出，认同概念的现代功能事实上包含人际关系的两个基本因素，即基于人们统一性的关系和基于差异性的关系。这是"我是谁，他是谁"的问题。美国学者帕克认为社会同化是指在同一区域内的一些具有不同种族源流、不同文化传统的群体之间形成一种共同文化的过程，这种文化的共性至少应当达到足以使国家得以延续的程度。主张同化模式的学者大多认为，移民的融合要经过定居、适应和完全同化三个阶段，但基于经济条件、制度障碍往往是后两个阶段已经完成，基础性的前提——定居却仍遥遥无期，其社会记忆和社会时空的巨大变化使得其实际身份与制度性身份发生了错位。① 这种错位对于农民工而言是逐渐形成的，但是对于失地农民而言则往往是断裂性的。② 在这个过程中，农村的文化何在？这也是文化多元者对同化论者的批判。但二者真的能多元并存么？

全世界农民都赋予土地一种情感和神秘价值。如孟德拉斯所指出的那样，"农民的土地恋是文学经常重复的主题……总而言之，整个技术的、经济的、社会的、法律的和政治的系统赋予土地一种崇高的价值，使它成为一种独特的、无与伦比的财产"。③ 流动使得人从熟悉的传统乡土社会进入一个陌生的现代城市社会，家庭与社区作为支持系统减弱甚至是失效，其结果是个人同家庭和社区相分离，但同时也促进了个体自主性的发展。农民是一种职业，同时也是一种身份。当其进入城市时，面对个人外部环境和自我状况改变，必然面对如何回答群体改变后"我是谁"这个问题，"回答这个问题

---

① 王春光：《新生代农村流动人口的社会认同与城乡融合的关系》，《社会学研究》2001年第3期。
② 张海波、童星：《被动城市化群体城市适应性与现代性获得中的自我认同——基于南京市561位失地农民的实证研究》，《社会学研究》2006年第1期。
③ 〔美〕孟德拉斯：《农民的终结》，李培林译，中国社会科学出版社，1991，第8页。

就是理解什么对我们具有关键的重要性。知道我是谁，就知道我站在何处。我的认同是由提供框架或视界的承诺和身份规定的，……换句话说，这是我能够在其中采取一种立场的视界"。① 但是，恰恰是需要知道我"站在何处"并加上时间的维度才能真正地确定"我是谁"，亦即对于农民工而言，必须在"情境定义"的基础上加上"时间定义"，才是一个时空结构下的概念，而不再是简单地关涉空间结构和社会结构。

农民大规模进入城市的方式主要基于城市经济吸引力和农村劳动力剩余的推力而造成的民工潮和政府行政命令主导的征地造成的失地农民。② 但后者并不是完全基于个人的自愿选择，失地农民的城市化行为选择则主要是基于被动城市化。农民的流动往往是结伴到同一座城市，这"造就了中国都市里一支以亲属和乡村为单位的劳动大军"，③ 在这过程中，老乡的经历及其经验成为那些即将进城的农民反复权衡、情境模拟以及心理调适的参照系统。④ 在这种情况下，被动城市化和市民化使得外部的扰动过于强烈而导致了一定程度上的"个体无意识"，个体对于自己的身份认同更多的是依赖于外在的制度与社会环境。

错位

农村人口外出流动，已经使他们的实际身份与制度身份发生错

---

① 〔美〕查尔斯·泰勒：《自我的根源：现代认同的形成》，韩震译，译林出版社，2001年，第37页，转引自张海波、童星《被动城市化群体城市适应性与现代性获得中的自我认同——基于南京市561位失地农民的实证研究》，《社会学研究》2006年第1期。
② 张海波、童星：《被动城市化群体城市适应性与现代性获得中的自我认同——基于南京市561位失地农民的实证研究》，《社会学研究》2006年第1期。
③ 翟学伟：《社会流动与关系信任——也论关系强度与农民工的求职策略》，《社会学研究》2003年第1期。
④ 张海波、童星：《被动城市化群体城市适应性与现代性获得中的自我认同——基于南京市561位失地农民的实证研究》，《社会学研究》2006年第1期。

位，农民工、农民企业家等可以说是这种错位的最好表述。① 这种错位使得他们在自我认同、社会认同上只能进行概率性的随机确定，宏观上的、概括上的统称对于个体、群体在具体的社会治理实践中是无意义的。

在对农民身份的认可上，新生代农村流动人口认为之所以被当作农民，不仅仅是制度上的规定——有些人已经不认可制度性的规定，而且也是因为城里人和周围的人是这样认为的，其更偏重于认可农民的社会性身份（或内涵），而对农民的制度性身份（或内涵）的认可在减弱，从而赋予农民更多的社会经济含义，这也在使得他们与周围社会形成明显的社会界限。与此同时，与第一代农民工相比，新生代农民工开始出现对农民身份认可的模糊化、不确定现象。② 新生代农民工在城市融入上面临着三大张力：政策的"碎步化"调整与新生代农民工越来越强烈的城市化渴望和要求之间的张力；新生代农民工对城市化的向往与他们实现城市化的能力之间的张力；中央城市化政策与地方落实城市化措施之间的张力。如果长期处于这样的张力之中，他们会在城市社会中建构出另一个不同于城市主流社会的社会圈子，产生更大结构张力的"半城市化问题"。③

在流动治理中，这种错位往往会让我们对具体的问题进行模糊分析时产生错误的认知，只有在具象而微的层面上才会发现所谓的"真实"。以农民工的工资水平为例来分析。刘林平、张春泥④ 2006年对珠江三角洲农民工工资进行调查分析时，构建了一个决定农民

---

① 王春光：《新生代农村流动人口的社会认同与城乡融合的关系》，《社会学研究》2001年第3期。
② 王春光：《新生代农村流动人口的社会认同与城乡融合的关系》，《社会学研究》2001年第3期。
③ 王春光：《新生代农民工城市融入进程及问题的社会学分析》，《青年探索》2010年第3期。
④ 刘林平、张春泥：《农民工工资：人力资本、社会资本、企业制度还是社会环境——珠江三角洲农民工工资的决定模型》，《社会学研究》2007年第6期。

工工资水平的模型。在这个模型中，人力资本中的教育年限、培训、工龄等和企业制度中的规模和工种是决定农民工工资的基本因素，对农民工工资有显著的正向影响。社会资本变量和社会环境变量对农民工工资水平没有显著影响。但在只控制人力资本变量的条件下，没有参加工会（对照参加工会）对农民工工资有显著的负面影响。但是加入其他变量后，这种影响就变得不显著。根据王毅杰、童星2002年对南京市玄武区红山街道、雨花区的赛虹桥街道进行的调查，流动农民社会支持网的特征可改为：规模小、紧密度高、趋同性强、异质性低。其规模不仅小于城市居民，也小于农村居民；紧密度低于农村居民，接近城市居民；网络的性别趋同性、异质性与城市居民相差不大；趋同性高于农村居民，异质性与农村居民相差不大，职业趋同性接近农村居民而高于城市居民，而异质性高于农村居民而接近城市居民。尽管流动农民的社会生活场域发生了改变，但并没有从根本上改变其以血缘、地缘关系这些原有的社会关系为纽带的社会网络边界。[①] 因此，这种错位不仅是城乡之间的，更重要的是进入城市后会将这种错位带入，并在一个城市中将国家层面上的城乡及所导致的问题具象化。

第二节　量子纠缠：多重身份

量子纠缠

在物理学中，量子纠缠被称为是"上帝效应"，它是指构成我们周围世界的微小粒子之间的关联，这种关联是指无论两个粒子的距离有多远，一个粒子发生变化，其变化立即在其他粒子中反映出来。一

---

① 王毅杰、童星：《流动农民社会支持网探析》，《社会学研究》2004年第2期。

旦两个粒子发生纠缠，不管处于何处，它们彼此之间仍保持着强大的关联。这种幽灵般的远距作用——纠缠，是薛定谔在《剑桥哲学学会年报》的一篇文章中带入物理学领域的。纠缠使得从一个地方向另一个地方传输粒子成为可能，还可以不通过两个地方之间的空间来传输物体。①

身份选择

如上文所提到的，量子力学中对一个质子的测量将对另一质子具有瞬时效应的影响。农民工流动过程中面临着定居、返乡和暂悬的选择。而在某一时刻做出选择时，将会影响其在另一个环境中的身份：如果选择定居成为城里人，那么农村的那个"我"也会在同一时间内发生变化——变成了城里人；如果选择返乡，那么城里的那个"我"仍将存在于一定的社会关系中；如果选择暂悬，那么两个"我"之间的相互作用将持续下去，一个发生变化，另一个也会发生相应的改变——最简单的例子是在城市获得经济上成功的"我"将影响在农村的"我"的成功。那么，农民工会做出哪些选择呢？哪些因素对其选择造成了重要的、决定性的影响？

研究显示，"如果以是否愿意放弃土地作为行为性永久迁移意愿指标，那么影响农民工迁移意愿的主要原因是个体的迁移动力，相对集中在个体的人力资本和城市生活方式认同上，是一个基于经济理性的选择。如果以是否愿意将户口迁入打工城市作为制度性永久迁移意愿目标，那么影响农民工迁移意愿的主要原因则相对集中在地域性因素和制度合法性压力等外部关系评价的社会因素上，是农民工寻求制度保障来改变城市生活境遇的社会理性选择"。56.15%的被调查者表示愿意放弃农村土地，39.62%的被调查者则表示愿意

---

① 〔英〕布莱恩·克莱格：《量子纠缠》，刘先珍译，重庆出版社，2016，第1~5页。

把户口迁入打工城市。收入越高的人越不愿意将户口迁至打工城市。影响农民工愿意放弃土地，选择行为性永久迁移的因素相对集中在更具个体性的人力资本因素和城市。

张翼在"农民工'进城落户'意愿与中国近期城镇化道路的选择"①研究中，在 2010 年选择全国 4 个直辖市、27 个省会城市、5 个计划单列市、46 个地级市、24 个县级市，对年龄在 16~59 岁之间的流动农民工进行调查，结果显示，在影响农民工非农户口转变的原因方面，只有 11% 左右的农民工愿意交回承包地转户，无论是"80 前"还是"80 后"农民工，不想转户的主要原因是想保留承包地。愿意转户的主要原因是"可让子女与城市孩子一样上学"，对于"80 前"农民工而言，转户的另一个原因是"能够享受到与城市居民同样的福利待遇"，但对于"80 后"农民工而言，他们更看重的是"就业机会"和"向往城市生活与居住环境"，而选择"向往城市生活与居住环境"而转户的"80 前"农民工比例随着其文化程度的提高而逐渐降低。② 社会文化因素是农民工做出迁移决策和农民向市民转化、融入现代城市的过程中影响更为长远和深层次的决定性因素，这一点更为明显地反映在城市对农民工迁移的推力因素和农村对农民工的拉力因素上。③

20 世纪 80 年代，人们关注打破城乡劳动力的市场分割，使农民工能够获得合法、平等的在城市就业的权利。20 世纪 90 年代，关注与农民工就业相关的失业保险、退休养老保险、工伤保险、医疗保险等社会保障权利。进入 21 世纪，对农民工的关注从社会保障权利

---

① 张翼：《农民工"进城落户"意愿与中国近期城镇化道路的选择》，《中国人口科学》2011 年第 2 期。
② 张翼：《农民工"进城落户"意愿与中国近期城镇化道路的选择》，《中国人口科学》2011 年第 2 期。
③ 吴兴陆、亓名杰：《农民工迁移决策的社会文化影响因素探析》，《中国农村经济》2005 年第 1 期。

转向公民保障权利，如义务教育权利、生存保障权利等。绝大多数农民工不愿意将自己的户口"非农化"，在愿意转化的农民工中，只有差不多20%的人愿意在"户籍所在的中小城镇"落户，10%的左右的人愿意在"其他中小城镇"落户，而大约有70%的农民工想在大城市落户。① 在工业化、城市化、现代化的过程中，乡村社会的组织结构发生了重大变迁，初级关系（如血缘的或地缘的群体）的重要性在不断降低，而次级关系（如具有共同利益的正式组织、政府机构和商业公司）的重要性在逐渐提高，人们的社会关系变得更加正式、更加非人化和科层化。作为最重要次级关系的亲属关系也逐渐变得淡漠②，西方学者一般将带来这种变化的原因归结为：中产阶级多是由奋斗者和攀登者组成，他们具有较强的流动性；过去由家庭和亲属群体承担的责任重负越来越多地由社会服务与保障机构承担，原有乡村社会中的亲缘关系是暂时性纽带，因而个人的基本生活和环境取向便是自我依赖。③

市民化

一旦做出定居城市的选择，那就意味着选择了市民化、再社会化的个人重塑过程。无论这个过程中个体是否是自愿的。

追溯至古希腊和古罗马时期的市民概念，在中世纪以前一直是作为一种社会身份而存在，具有特权意识色彩。商业化、城市化以后，市民才成为自由、自治、权利的载体。市民化有两层含义：一是社会身份的转变，从农民转为市民；一是职业的转化，在能力上

---

① 张翼：《农民工"进城落户"意愿与中国近期城镇化道路的选择》，《中国人口科学》2011年第2期。
② 当然，亲缘关系依然作为社会的基本结构而顽强存在，当前许多地区宗族势力东山再起、修族谱、建祖庙等恰恰说明了这一点。
③ 郭于华：《农村现代化过程中的传统亲缘关系》，《社会学研究》1994年第6期。

形成适应城市生活的各种技能和素质。在这个过程中原有的惯习、理性、身份认同等均转向现代性与城市性。在这个过程中，涂尔干有关"机械团结"与"有机团结"的研究，梅因关于身份社会和契约社会的研究，滕尼斯关于礼俗社会和法理社会关系的分析，韦伯关于前现代社会与现代社会对立的阐述，雷德菲尔德关于俗民社会与都市社会的分析等，均认为这是一种结构的转型，具有传统理性和各种社会特征的农民向市民迈进，同时传统社会的各种特性向现代化特性转变。[①]

进入21世纪，经济学、人口学、政治学、社会学就农民的市民化问题展开研究。在2005年后，社会学运用各种分析范式从结构、关系、选择逻辑、需求与权衡、角色等方面对农民市民化进行分析。文军提出市民化概念主要是指社会成员角色的转型，"农民市民化是一项复杂的社会系统工程，它不仅仅是农民社会身份和职业身份的一种转变（非农化），也不仅仅是农民居住空间的地域转移（城市化），而是一系列角色意识、思想观念、社会权利、行为模式和生产生活方式的变迁，是农民角色群体向市民角色群体的整体转型过程"。[②] 这既包括主观性的问题，也包括客观性——有节制的社会决定论的问题。

社会身份完整、角色期待明确、互动环境良好，以及新旧角色间转换通道顺畅、新角色固化健全等，都是顺利实现城郊农民市民化的前提或条件。目前城郊农民市民化的主要障碍不是农民对新角色认同困难、担当能力低下，而是农民受到了赋权不足与身份缺损、新老市民互动不良、农民认同条件这三方面的限制。必须着重从市民资格、权利与义务、组织、公共领域与机制、环境

---

① 郑杭生：《农民市民化：当代中国社会学的重要研究主题》，《甘肃社会科学》2005年第4期。
② 文军：《农民市民化：从农民到市民的角色转型》，《华东师范大学学报》2004年第3期。

与文化的角度进行分析，而不是有意无意地把农民市民化的障碍主要归于农民保守、认同新角色的主观能力差。① 市民资格的取得、相应权利的实现和义务的承担、自组织的实现以及公共领域机制的形成、环境和文化等支持系统的建立，才是进城农民市民化过程中最应关注的方面。

李勋来、李国平从转移源头、转移空间和转移渠道三个方面对农村劳动力转移能力进行考察，涉及人、容量和制度三个因素。其中"制度因素是造成城乡劳动力市场分割，阻碍劳动力转移的主要因素。制度因素主要包括户籍制度、劳动就业制度、社会福利制度等，其中户籍制度是根本性制度，其他制度都是以其为基础形成的。……城乡劳动力市场发育的过程也是制度变迁的过程。"虽然制度因素的消极作用非常之大，但这对劳动力转移的影响并不是绝对的。在影响农村劳动力转移的各因素中，按照弹性系数大小依次排序为农村人力资本总量、第三产业投资占基本建设投资比重、第二、三产业产值占 GDP 比重、制度因素、农民人均纯收入、第一产业劳动生产率。②

所谓消除城乡二元化，重要的不在于城乡居民的作业形式、生活风格一样，主要在于公共服务、权利保障、福利待遇上实现城乡等同。③ 城乡二元化不是把农村简单地变为城市，也不是让农民变成城里人并市民化，最主要的应当是平等、自由等权利的实现以及城乡之间的相互包容性。包容性意味着必须承认城乡的差别，但这种差别不应该主要由外在的制度安排所决定，而应该由城乡不同的人

---

① 毛丹：《赋权、互动与认同：角色视角中的城郊农民市民化问题》，《社会学研究》2009年第4期。
② 李勋来、李国平：《农村劳动力转移模型及实证分析》，《财经研究》2005年第6期。
③ 毛丹：《赋权、互动与认同：角色视角中的城郊农民市民化问题》，《社会学研究》2009年第4期。

际关系、社会结构、运行逻辑等自发产生,二者本身并无高低、优劣、贵贱之分。生活在乡村,还是生活在城市,这是一个选择的问题,不是也不应当主要是一个制度安排的结果。"乡下人"与"小市民"值得以同样的态度去对待,少一些价值判断,多一些事实尊重。

内卷化

但是,这种同样态度,主要是客观去对待与自身有差别的人或群体在现实中往往是很难实现的,不论是莫名其妙的优越感还是自卑感在作祟。人为地造成一堵墙,把特定的人群圈定在"你所认为的那个空间里面",之后再以较高的姿态去"关怀"这些你所认为的弱势群体,这都是"病",得治。

以我为例,我在家里是剪花椒、捉蝎子的好手,但是进入大学的第一堂计算机课却看着计算机发呆,思考这个玩意儿怎么启动。我是一个被城市化的人,一个被现代化的人。前者是地域,后者是惯习。流动有助于个人现代性的培养,可以促进农民增强对社会变迁的适应性和谋生的能力,增强农民对新事物的接受性尤其是对异己事物的宽容性,扩大其生活半径,建立超越血缘和地缘限制的各种新型社会关系。但单纯的流动经历虽然能够增强离土农民的个人责任感、自我依赖、风险意识、灵活性和适应性,但一定时间的、稳定的城市生活经验很难使他们养成现代工业或城市文明所需要的秩序感、计划性、时间感和科层制原则。

根据吉尔茨的定义,"内卷化"是指一种社会或文化模式在某一发展阶段达到一种确定的形式后,便停滞不前或无法转化为另一种高级模式的现象。内卷性主要表现为个体行动者在面临所处群体的社会身份不能满足或提供其建构身份认同所寻求的需求感、意义感和归属感时不得不向内寻找自我身份认同建构的意义感和归属感的过程，是个体在自我身份认同建构中的一种内缠、内驱、内旋和自我复制的过程。这种内卷化机制的生成和运作是和个体行动者紧密关联的。①

19世纪90年代，以帕克为代表的美国社会学芝加哥学派开始研究从欧洲到美国的移民的适应性问题，之后逐渐形成同化论和多元文化论两种价值取向和流派。社会资本在农民工流动的每一个环节上均有可能产生重要影响，包括是否流动、流入地、从事的行业以及适应、定居等，通过在社会网络或其他社会结构中的成员身份以调动和获取各种资源。从20世纪90年代中期开始，对于农民工流动的社会资本研究开始出现。研究发现，由于农民工进入城市后更多的是在经济层面上与城市发生关系，农民工的经济行为往往依赖社会关系而展开，亦即社会行为嵌入在经济行为之中。这就造成了农民工的内卷化问题。而这主要是社会排斥所形成的。

第三节　楞次定律：排斥与融合

来拒去留

在一个闭合回路中，当一部分导体在回路所形成的磁场中做切割磁感线运动时，闭合回路中的磁通量发生变化产生感应电动势，从而产生电流。这种电流被称为感应电流。感应电流具有这样的方向，即感应电流的磁场总要阻碍引起感应电流的磁通量的变化。也就是说感应电流的效果总是反抗引起它的原因，通俗一点来说就是来拒去留，这就是楞次定律。

---

① 康红梅：《社会排斥背景下顶层群体"内卷化"职业身份认同研究——以环卫农民工为例》，《理论月刊》2016年1月。

假设这样一种情形,你在某个风光旖旎的湖畔觅得一方净土,一蓑烟雨,入境随风,寂静如瓦尔登。这里没有尘世的喧嚣,没有琐碎的牵绊,只有你一个人的惬意生活。你可以宠辱不惊,闲看庭前花开花落;去留无意,漫随天外云卷云舒;昼闲人寂,听数声鸟语悠扬,不觉耳根尽彻;夜静天高,看一片云光舒卷,顿令眼界俱空。可是突然有一天,这一切的静谧都被打破了,另外一个人也带着大包小包的行李到这里隐居,于是你一个人的独处时光便成了昨日的记忆。你自然是不高兴的,因为自己辛辛苦苦建立起的平衡就这样被一个不速之客打破了。

你定会尽自己最大的努力阻止这一切的发生,也许你每天都会与那个人谈判,以各种理由婉拒他,这就是所谓的"来拒",但他最后还是来了,因为你的谈判只能阻碍他来的进程。或许很长一段时间后他才能如愿搬来,但你却不能从根本上逆转他搬来的想法,因为到底搬不搬是他的自由,这个静谧的湖畔又不是你自己的私人栖息地,对于"他来了"这个事实你也只能无奈地接受。

于是日子就这样一天一天地过着,你和他的关系也渐渐变得融洽起来。你甚至觉得他是一个能在寂静的深夜陪你说说话的知心朋友,并且能够在山雨倾盆而下时和你共渡难关,在野兽出没时让你有活下去的勇气。然而,有一天他妈妈来了,非要带他离开这里,离开你的身边,于是你的平衡又被打破了,好不容易才刚刚建立起的新平衡又被扼杀在了摇篮里。你再次尽力阻止这一切的发生,说各种好话让他留下,甚至搬来了柳永的《蝶恋花》——"衣带渐宽终不悔,为伊消得人憔悴"来说服他。可是一切都是难以改变的定局,这个大孝子还是跟着他妈妈走了,只是走的时候相当不舍,一步三回头,默默流着泪与你无奈对视,这就是所谓的"去留"。同样,你也只能阻碍"他要离开"这个事实的发生,而不能逆转这个定局。①

城市对流动人口的态度也可以借用这个定理进行描述。当刚开始农民流动至城市时，政府和当地居民的态度是选择性的：基于城市和市民的各种需求，需要农民进城所带来的资源、技术、服务等，但大量的农民进城后，由于对当地生活的挤压和影响，于是社会排斥产生了。但当大部分进城农民返乡后，在经历过短暂的、记忆中的生活后，发现农民大量返乡对于城市的正常运转而言又是不可或缺的，希望他们能够返城。各地春节后的民工荒、保姆荒以及相应的舆论宣传和政府吸引农民返城的努力充分说明了这一点。于是，城市对于农民工的态度在社会排斥与社会需求之间不断寻求平衡。

社会排斥

社会排斥出现于20世纪70年代的法国，由法国官员Rene Lenoir于1874年提出，后来被其他国家和国际社会所接受，广泛应用于贫困、流动等领域研究之中。其主要研究某一群体如贫困、女性、农民等如何被边缘化、被全部地或部分地排除在社会参与之外的系统性过程，这种排斥可能是结构性的也可能是功能性的，具有多维

---

① 《从科学实验中抽象出生活哲学》，http://www.lunwenstudy.com/zrbianzheng/31774.html，最后访问时间：2016年11月30日。我同样也有这样的经历。当我在努力复习准备报考研究生的时候，我的习惯是学习的时候要一个人在一个绝对安静的地方，于是我在深夜找到了一个教室，这个教室只有我一个人，没有人打扰。我按照自己的节奏去学习、思考和休息。这是属于我一个人的世界。抬头时坐看窗外云卷云舒，低头时徜徉在知识的海洋中。什么都不做时，我又在思考人生，考虑一下"我是谁"这样折磨人的，好像是最为简单，又最为复杂的问题。这个世界在这个时候只有我，只有我目之所及的一切。突然，在某一个时间，一个人推门进来，所有的安静与节奏都被打破了。他也要学习，他要应对期末的考试，净土被打破了，于是我用各种方法想去把这个人赶走，包括在所有的课桌上都放上一本书等。但是他还是不走，我只能去接受这个事实。慢慢地发现，他也是我身边的一片风景。我们之间的关系慢慢地改变了，最后成为一起战斗的兄弟。很快，他期末考试完毕后就不再来教室了，而我还要继续准备考研复习，这时候我又开始惆怅了。

度的性质，且具有累积的特点。①

社会歧视、制度限制、就业非正规化、居住边缘化等，都构成了对农村流动人口的社会排斥，"妖魔化"的社会排斥和与城市隔绝的生活状态显然会影响农村流动人口对城市社会的不认可，同时城市的生活经历也让他们逐渐对农村社会失去了认可，由此，在不能向外部转变和扩张的情况下只能转向对内部的变动——对自己群体的认可，包括对内群体的身份认同、情感认同和生活认同。这就是流动人口社会认同的内卷化。② 制度和系统层面长期的不整合，通过社会行动和心理认识，使得农村流动人口的"半城市化"在许多方面表现出趋于结构化、长期化和永久化的特征。③ 发达国家的工业化、城市化、现代化的过程中，也存在过"半城市化"的现象，这是普遍的现象。但这些国家的农村人口的流动很少会碰到中国这样的体制障碍。农村流动人口的这种情况会出现斯科尔所说的"会自行演变成类国家，成为动荡的沃土"吗？

王春光2001年对温州市、杭州市和深圳市三个城市进行的调查显示，新生代农民工有过务农经历的只有39.2%，接受了比第一代农民工更多的教育，务农时间也比第一代农民工要少，可以说是一批没有务农常识和经验的中国式农民——不务农的、在城市里从事非农活动的农民。其外出动机从经济型转到经济型和生活型并存或生活型。如果运用推拉理论进行解释的话，拉力的作用显然远远大于推力的作用。④ 新生代农村流动人口和第二代农村流动人口在增加，他们对社会越来越不认同，既不愿也无法返回农村，又难以融

---

① 杨菊华：《社会排斥与青年乡-城流动人口经济融入的三重弱势》，《人口研究》2012年第9期。
② 王春光：《农村流动人口的"半城市化"问题研究》，《社会学研究》2006年第5期。
③ 王春光：《农村流动人口的"半城市化"问题研究》，《社会学研究》2006年第5期。
④ 王春光：《新生代农村流动人口的社会认同与城乡融合的关系》，《社会学研究》2001年第3期。

入城市，他们对不公平现状有更多的感受和意识，对他们的边缘化地位越来越敏感，相对剥夺感不断增加，在行动上表现出更强的对抗性和报复性。① 另一项基于北京市城八区的调查显示，一半以上的农民工希望能够留在城市中生活，受教育程度越高、外出年数越长和举家迁移到城市都会增加农民工留在城市的意愿，而已婚和有需要照顾、赡养的父母会降低农民工留城的意愿。在诸多因素中，教育的作用最为明显，人力资本水平越高的农民工留在城市的意愿越强。这项调查没有发现新生代农民工在留城意愿方面与老一代农民工有显著的差异。② 导致这种分析差异的原因可能在于是否将劳动力市场、户籍制度等制度因素考量在内。"恰恰是那些认为受到歧视、心理压力大、认为没有户口是个麻烦的农民工更愿意将户口迁移到打工城市，而不是那些在这些方面感觉良好的农民工。……寻求户籍制度的保障来消除差别和改变在城市中的境遇，也是农民工的社会理性选择，差别越大，获得城市户籍的欲望越强。"③

以工资歧视为例来进行分析，为什么农民工的工资在不同所有制性质的企业和不同地区没有差异性呢？这是因为，农民工在什么性质的企业都是农民工，差异性可能在于用工制度的二元结构，在于高端劳动力市场，而不是低端劳动力市场。由此，农民工的工资是处于分割的二元劳动力市场一端的，高度市场化的，缺乏企业内部劳动力市场晋升机制，也少受劳动力市场用工情况变化影响的，没有地区性差异的一个实实在在的刚性低工资。谭嗣胜、姚先国④在2003~2004年对浙江省农民工和城市工之间的工资歧视问题进行了定量分析，认为农民工和城市工的平均工资收入存在较大的差异，

---

① 王春光：《农村流动人口的"半城市化"问题研究》，《社会学研究》2006年第5期。
② 李强、龙文进：《农民工留城意愿的影响因素分析》，《中国农村经济》2009年第2期。
③ 蔡禾、王进：《"农民工"永久迁移意愿研究》，《社会学研究》2007年第6期。
④ 谭嗣胜、姚先国：《农民工工资歧视的计量分析》，《中国农村经济》2006年第4期。

其中44.8%的工资差异是由个人特征不同形成的，55.2%的工资差异是由歧视性因素导致的。歧视性因素中主要包括两个方面：一是对农民工的直接歧视，占到工资差异的36.2%；二是对城市工的制度性偏袒和保护而对农民工产生的反向歧视，占到工资差异的19.0%。李培林、李炜2006年对28个省市区进行的大规模问卷调查显示，农民工的收入地位更多地是由教育、工作技能等获得性因素决定的，而不是身份歧视因素所决定的。当引入人力资本、工作状况、就业地点等因素考察农民工和城市工人的收入差异时，农民工身份因素对收入的影响消失了。因身份差异而造成的工资待遇差异，主要不是在工资收入方面，而是在社会保障方面，包括养老、失业、医疗等社会保险方面，农民工与城市工的差异是非常大的，即使是在同样的人力资本、工作状况、就业地点的条件下。[①] 与城市工相比，农民工表现出较低的社会参与性、较高的权威服从性，缺乏自我权利意识和社会参与性。[②] 钟笑寒则通过分析认为，外来劳动力与本地劳动力在职业和工资上虽然存在差别，但这也可能是一种"没有受损者的改革"：它提高了城镇职工的工资，而同样没有减少民工和农村劳动力的收入。这看上去也像是某种"双轨制"——二元劳动市场，但这种双轨制的形成不是政策的有意安排，而是经济理性的必然结果。也就是，民工进城是经济力量自发形成的双轨制。[③]

朱力在"农民工阶层的特征与社会地位"一文中认为，农民工从其社会属性看已经成为一个阶层，具有阶层流动性强、职业低质性、社会网络复制性、生活方式隔离化等阶层特征，其社会地位总

[①] 李培林、李炜：《农民工在中国转型中的经济地位和社会态度》，《社会学研究》2007年第3期。
[②] 李培林、李炜：《农民工在中国转型中的经济地位和社会态度》，《社会学研究》2007年第3期。
[③] 钟笑寒：《劳动力流动与工资差异》，《中国社会科学》2006年第1期。

体上处于城市社会的底层，是城市社会中的"佣人"阶级、"沉默"阶级、"无根"阶层和"边缘"阶层。当城市周边大量农村社区的转型使得城市与乡村的边界变得越来越模糊，当户口改革使得居民在社会身份上——起码是制度安排上取得了统一性，当城乡福利一体化政策改革进一步推进，当流动成为一种社会存在方式，那么身份性的和结构性的问题不再是城乡分割的，而是区域分割的，尤其是地方政府在这个过程中的态度、采取的行为以及发挥的作用。这种区域分割不仅表现在特大城市与其他城市尤其是二、三线城市之间，还会表现在一个城市、一个地域内的地理单元之间。

社会融合

城市发展的需求越来越需要抵制对于流动人口的歧视，各国际机构和国家、地区不断呼吁通过融合使流动人口与城市的共同利益最大化。

2006年联合国秘书长科菲·安南在《国际移徙与发展》的报告中提出："移徙的成功在于迁徙者和东道国社会的相互适应。……融入社会的基石是平等待遇和禁止任何形式的歧视。融入社会取决于多种因素，包括有能力使用当地语言进行交流、准入劳工市场和就业、熟悉风俗习惯、接受东道国的社会价值、有可能与直系亲属相伴或团聚和有可能入籍。"

帕克将融合定义为个体或群体的相互渗透、相互融合的过程。在这个过程中，人们通过共享历史和经验，相互获得对方的记忆、情感、态度，最终整合于一个共同的文化生活之中。将融合的过程和内容系统地区分为四种主要的互动：经济竞争、政治冲突、社会调节、文化融合。[①] 杨菊华从单向、双向互动关系区分了融入与融合

[①] 杨菊华：《从隔离、选择融合到融合：流动人口社会融入问题的理论思考》，《人口研究》2009年第1期。

的区别,认为融入至少包括四个维度:经济整合、文化接纳、行为适应、身份认同。四个维度依次递进,但并非简单的线性关系。任远、邬民乐认为社会融合是个体之间、群体之间、文化之间相互配合、互相适应的过程。张文宏、雷开春 2007 年对上海城市新移民的调查显示,城市新移民的社会融合包含文化融合、心理融合、身份融合和经济融合。从总体来看,社会融合的程度水平偏低。心理融合和身份融合相对程度较高,反映了作为新移民聚居地的上海的城市魅力,其为新移民的社会经济地位提升创造了更大的发展空间。文化融合和经济融合相对程度较低,反映出城市文化的多元化和宽容性,以及城市生活成本迅速增长带来的社会融合障碍。① 周兴、张鹏在关于中国城乡家庭代际间的职业流动与收入流动研究中发现,总体上,我国城乡各职业阶层都具有较强的代际职业传承性,社会整体的代际流动性偏弱。在农村家庭中,父辈从事非农职业不仅可以降低子女在初次就业时从事农业的概率,也有助于子女在职业生涯的发展过程中实现职业的向上流动,但其向上流动的通道并不通畅,存在明显的"天花板效应"。在代际职业流动中,教育扮演着十分重要的角色。② 作为一个堪与"农民""城市居民"并存的身份类别,"农民工"在 80 年代以来的中国社会中,是由制度与文化建构的第三种身份。这一身份的确立为城市拟定相关制度提供了某种正当性源泉,客观上确立了城市居民与乡城迁移者彼此之间的认同,否定了乡城迁移者作为城市"居住者"的现实身份,同时夸大了其流动性而抹杀了其定居性。③

---

① 张文宏、雷开春:《城市新移民社会融合的结构、现状与影响因素分析》,《社会学研究》2008 年第 5 期。
② 周兴、张鹏:《代际间的职业流动与收入流动——来自中国城乡家庭的经验研究》,《经济学(季刊)》2014 年 10 月。
③ 陈映芳:《"农民工":制度安排与身份认同》,《社会学研究》2005 年第 3 期。

城市流动农民出现了二次分化。所谓二次分化是指在改革开放以后，在原来意义上的农民分化为若干职业群体后，作为其中一个统一身份群体的流动农民内部的再分化，即形成若干类别群体或等级群体的过程。如分化后的"河南村"农民在社会认同和社会交往方面出现了明显的变化：层级开始产生，交往的层级界限出现，各层级间的经济交往是开放的，但社会往往仍然按照血缘、地缘组合和层级组合的交叉模式在内部发生。在身份认同上存在两重性：对内的差异性和对外的同一性。这种分化还只是群体内部的分化，并未改变其社会身份的同一性。一项 2010 年基于全国 5 个城市的流动人口居留意愿影响因素比较研究发现，流动人口居留意愿的影响因素在个体层面上存在较大的地区差异，这与不同地区的区位特点及其流动人口的个性特征密切相关。来自家庭、社区和社会三个层面的因素包括就业行业类别、住房状况、有无需要解决本地户口、对待本地生活方式态度、关注社区集体活动、愿意融入当地人当中等因素对不同地区流动人口的居留意愿均产生共同的影响。[①] 王春光用"半城市化"这一概念来分析农村流动人口在城市的社会融合问题。"半城市化"是一种介于回归农村与彻底城市化之间的状态，它表现为各系统之间的不衔接、社会生活和行动层面的不融合，以及在社会认同上的"内卷化"，三个层面彼此强化，使得农村流动人口"半城市化"出现长期化的变迁趋向，[②] 造成城市内部的新二元结构。农民工在进入城市后，即使在生活习惯、思维方式、社会关系等方面具有了城市化的特征，但他们也可能还是会继续保留自身的文化内核，融合和适应不是简单的同化，这个过程更多的是一种包容性文化的、双向性的反应。

---

① 蔚志新：《分地区流动人口居留意愿影响因素比较研究——基于全国 5 城市流动人口动态监测调查数据》，《人口与经济》2013 年第 4 期。
② 王春光：《农村流动人口的"半城市化"问题研究》，《社会学研究》2006 年第 5 期。

| 第五章 |

熵治理

即使是在全球化的背景下，一个社会的形成和运作也是基于这个国家、民族的历史发展，不能照搬教科书、照搬西方经验，甚至所谓的普世定理、公式来研究本国的社会。与西方集体行动和社会运动职业组织及其专业化动员不同，中国群体利益表达行动的一个基本特征是草根动员，而非专业化动员。① 农民和大多数底层阶级一样，"对改变宏大的国家结构和法律缺乏兴趣，他们更关注的是霍布斯鲍姆所称的'使制度的不利……降至最低'"。②

"流民潮几乎就是社会的一个火药桶……反社会的心理将长久地影响曾一度处于流民潮的每一个人……中国社会如果发生大的动荡，无业农民一定是动荡的积极参与者和主要的破坏性力量。"③ 如果现代性代表着城市文明的主要特点，那么流动及其所带来的信息交流既能促进流动人口的现代性也能使得整个系统的熵不断减小。

---

① 应星：《草根动员与农民群体利益的表达机制——四个个案的比较研究》，《社会学研究》2007年第2期。
② 应星：《草根动员与农民群体利益的表达机制——四个个案的比较研究》，《社会学研究》2007年第2期。
③ 王山：《第三只眼睛看中国》，山西人民出版社，1994，第62~63页，转引自李培林、李炜《农民工在中国转型中的经济地位和社会态度》，《社会学研究》2007年第3期。

第一节　熵增

如前文所提到的，在一个系统内包括作为有机体的社会体系内，熵是不断增加的，也就是系统的熵会逐渐增大并最终导致系统的最大的无序，即崩溃。

那为何一个有机体会避免了很快的衰退为惰性的"平衡态"从而显示出活力呢？这是因为生命有机体的"新陈代谢"。"一个生命有机体在不断地产生熵——或者可以说是在增加正熵——并逐渐趋近于最大熵的危险状态，即死亡。要摆脱死亡，要活着，唯一的办法就是从环境里不断地汲取负熵。……有机体就是靠负熵为生的。或者更明白地说，新陈代谢的本质就在于使有机体成功地消除了当它活着时不得不产生的全部的熵。"[①]

生物机体是一种远离平衡态的有序结构，它只有不断地进行新陈代谢才能生存和发展下去，因而是一种典型的耗散结构。人类是一种高度发达的耗散结构，具有最为复杂而精密的有序化结构和严谨协调的有序化功能。因此，所有生命系统包括人类社会的发展都是无序化的、熵不断增长的进化过程。

热力学第二定律在刚产生时是社会声誉最坏的定律。但其对于人类社会的影响是非常巨大的。这两种特征堪比达尔文的生物进化论。但恰恰是这两种存在争议的物理学和生物学理论对人类社会的发展观形成了基本的影响。19世纪存在着的两种对立的发展观就是以这二者为基础的：一种是社会退化论，以热力学第二定律的熵增理论为基础，认为世界万物包括人类社会也会由于能量的耗散而趋

---

① 〔奥〕埃尔温·薛定谔：《生命是什么》，罗来欧、罗辽复译，湖南科学技术出版社，2003，第70页。

于热力学平衡——死亡；另一种是社会进化论，以达尔文的生物进化论为基础，指出由于进化导致人类社会的结构、功能不断发展，进而形成有序状态，从而人类社会形成更为高级、更为有序的组织、结构和功能。

拉普拉斯妖

牛顿奠定了经典力学的基础和范式后，对人类观察、描述世界产生了巨大的影响，推动了人们对于社会更深层面的认知。人们也逐渐地相信未来是可以预测的——只要我们能够知道宇宙中所有的物体和粒子的位置和动量以后，世界万物包括人类社会都逃不过确定的物理学定律的掌控，可以用经典力学等物理定律对世界进行机械描述。在这段时期，科学理性获得了最巅峰的崇拜。法国科学家拉普拉斯侯爵在19世纪初认为宇宙是完全被决定的，存在这样一组科学定律，只要我们完全知道宇宙的位形和动量，那么就能依此预言宇宙中将会发生的任一事件，"我们可以把宇宙现在的状态视为其过去的果以及未来的因。如果一个智者能知道某一刻所有自然运动的力和所有自然构成的物件的位置，假如他也能够对这些数据进行分析，那宇宙里最大的物体到最小的粒子的运动都会包含在一条简单公式中。对于这智者来说没有事物会是含糊的，而未来只会像过去般出现在他面前。"

拉普拉斯提到的这个"智者"就是后人所称的"拉普拉斯妖"。想象一下，如果这个"智者"——拉普拉斯妖是真实存在并能够被人类的理性所认知、设计出来，那我们将生活在一个什么样的世界中呢？我们的未来可以通过精确的计算而得出，无论是行为还是我们的命运都像天上的日月星辰一般被规定了，在既定的轨道上运行着。"智者"通过我们出生时的初始条件运用物理学定律规定了我们每一个人的未来。

幸亏科学的发展否定之前认为科学的定律，量子力学和混沌理论的产生和发展使得"智者"——拉普拉斯妖不存在了或被驱赶到它能发挥作用的那个有限的空间和范围之内了。量子力学提出并验证的量子态的不确定性和混沌理论[①]对于单一数据关系的否定及随机特性，使得每个人和整个人类社会不可能被精确测量并测定。未来变成了不确定的，充满了各种可能性的结果。人的主体性、能动性在这里重新获得了意义。

第二节　组织与治理

自组织

自组织、自治理、自服务是人类社会应对热力学第二定律的重要手段。自组织理论是从系统论视角研究社会自组织及其演化的理论。这一理论发端于物理、化学过程中的自组织现象，经哈肯和普里戈金等人的发展，逐步形成一个由耗散结构理论、协同学、突变论和超循环理论等一系列理论组成的理论群。自组织理论后来倾向于建构一套普适的、存在于各类系统中的、与系统要素性质无关的自组织现象一般原理，其基本概念和理论方法在社会科学领域的应用涉及宏观社会系统、城市和企业组织等对象。自组织理论在社会系统研究中有较多应用，也有少数学者将其应用到农村社区发展的研究中。简言之，自组织理论是一种整体主义的方法论，即将社会看成是一个复杂系统，强调外部环境条件（包括自然和社会环境的物质、能量、信息输入）的变化对系统自组织结构发生演化的作用，

[①] 混沌理论则表明，只要涉及3个及更多的物体，初始条件的极其微小的差别将导致最后结果的千差万别。

而不是从系统内复杂的微观个体行为入手进行分析。

自主治理理论

自主治理理论是从集体行动中的自主组织入手分析社会治理达成的理论。这一理论由奥斯特罗姆等人发展起来，所关注的核心问题是，一群相互依赖的人在所有人都面对搭便车等机会主义行为诱惑的情况下，如何自主地组织起来进行自主治理，从而取得持久的共同收益。这一理论从大量经验研究中发现，公共品的供给及公共事务治理，在国家（权力）和市场（财富）之外存在有效的解决方案。根据大量经验研究，学者们总结了自主治理的若干主要原则，如清晰界定边界、分级制裁、冲突解决机制、分权组织等。此外，共同体理论和国家－社会关系理论对认识社会发展规律也有重要意义。共同体理论强调从共同体的视角认识和把握社会，强调共同目标、纽带、身份认同和归属感，强调社会群体的内聚性。国家－社会关系理论侧重于分析自主性社会生长所需要的外部制度环境以及国家与社会的互动对自主性社会生长的影响。

治理与共治

治理与共治是国际机构在进行国际开发援助时最先使用的概念。之后被欧美学者用来分析发达国家的公共问题。根据全球治理委员会对治理的定义，治理本身就包含了"共治"的含义。[①] 根据不同的研究视角，治理可以分为不同的领域和模式。如 Reinhard Steurer 将治理领域分为政府、企业和社会三个部分，Arehon Fung 按照权威与权力、参与、交流与决策模式三个维度对治理主体和客体之间的关系进行了分析；Holger Bahr 和 Gerda Falkner 根据政府－社会的维

---

① 刘国翰：《增量共治的杭州实践》，社会科学文献出版社，2014。

度对政府干预和社会自治两类治理工具进行了分析。

Jan Kooiman 在《现代治理》一书中把包括各种公共的、私人的机构均纳入进来，运用多种治理手段解决公共治理问题的模式称为社会－政治治理。之后在其 2003 年出版的《作为治理的统治》一书中，将治理划分为三种类型：自治、共治、层级式治理，但并未对共治进行定义。Ingo Bode 和 Oscar Firbank 对共治进行了描述性定义，Patrick Harkness 从公共服务供需双方的关系对共治进行了操作上的定义。

国内关于社会共治的研究也逐步展开。刘国翰在对社会共治进行定义的基础上，从治理主体、治理结构、治理机制、治理关系、治理过程等方面对社会共治进行了分析，认为社会共治理论既是治理理论在发展过程中的一次重大范式变革，同时也是众多治理理论的"集大成者"。① 王春婷、蓝煜昕在对社会共治基本要素进行分析的基础上，对社会共治的八种实践类型进行了分析，依据社会主体性和社会内生活力标准将社会共治划分为三个层次。②

第三节 共同体与团体社会

共同体

自出现国家－社会二分法和国家－经济－社会三分法以来，基于个人主义的社会自组织从孔德和斯宾塞以来在学术界就存在较大分歧。社会自组织的问题实际上是社会发展或社会建设的内在规律、秩序问题，是关于社会发展或社会建设演进的路径问题。关于这方面的研究纷繁多样，学者从自身的学科出发，运用不同的研究方法，

---

① 刘国翰：《增量共治的杭州实践》，社会科学文献出版社，2014 年，第 147~160 页。
② 王春婷、蓝煜昕：《社会共治的要素、类型与层次》，《中国非营利评论》（第 15 卷），社会科学文献出版社，2015 年，第 18 页。

从不同视角分析社会发展或社会建设的不同侧面，如政治学研究关注公权力与社会权力，社会学研究关注社会网络与社会资本，法学研究关注对公权力的制度约束，防止侵犯个人自由、个人权利。这些研究在方法论上既有宏观的整体主义视角，也有微观的、倾向个体主义的视角。

人为的制度设计，特别是制度创新能够改变社会的特性及其发展路径。具体到一定的地方社会或一定的共同体的发展演进，也存在着两类不同的认识。滕尼斯在探讨共同体起源时，认为共同体的产生是基于最原始的自然关系，并在长期历史过程中有机、自然地进化而成。他认为共同体是自然形成的，是不能刻意建构的。托克维尔却在《论美国的民主》中从历史的视角分析了美国结社传统和乡镇自治产生的原因。他在美国的考察期间深深感受到美国人高昂的结社热情和深厚的乡镇精神，认为这种精神来源于新英格兰地区美国早期移民建立的乡镇自治制度。帕特南在《使民主运转起来》中也从历史的角度分析了意大利南北部政府绩效差异背后的公民共同体因素。他将南北共同体的差异追溯到12世纪南北部截然不同的政治体制，即南方君主制和北方共和制，并认为作为公民共同体本质特征的信任、合作、参与等社会资本具有自我增强和可累积性。由此，早期的历史因素在一定程度上决定了当今的共同体特征和政府制度绩效。在关于中国农村自组织和乡村共同体的论述中，也有很多学者强调自然和历史因素的影响。如有学者认为，因为传统中国乡土社会缺乏具有紧密纽带的"小共同体"、缺乏可以制衡"大共同体"（国家或王权）的自治机制，才使得中国乡村在20世纪公社化运动中比俄国村社更易于集体化、一元化。

团体社会

关于农民工自组织的研究目前主要仍然从团体社会的角度去

研究。

农民工的自组织主要包括两种：一种是农民工组织，是指由农民工自发组成的组织，这与劳工组织的概念与内涵相近。基于我国的工会体系以及相关的政策规制，为农民工提供服务的组织是农民工组织的主体。关于农民工的组织以工会和学者、志愿者、境外在华非政府组织成立的非营利组织为主，被组织的农民工远远大于自组织的农民工。

王桂新等2006年9月对上海农民工的调查显示，被调查的农民工中约有45.1%的农民工工作单位没有成立工会组织，28.1%的人不知道所在单位是否有工会组织，即使成立了工会组织的单位农民工参加率也仅有18%左右。在党团组织方面，只有30%的被调查农民工工作单位有党团组织，没有和不知道有党团组织的农民工分别占25.5%和44.4%。对弱社会关系的依赖作用有所加强，有82.3%的农民工来上海后结交新朋友，新朋友中有上海本地人的占72.3%，虽然遇到困难时依然主要求助于有强社会关系的亲戚或老乡，但求助于上海本地人、政府部门、工作单位和社区居委会等弱社会关系的比重也占到了40%。希望成为上海人的农民工的比例为55.6%，认为自己是农村人的比重不足30%，33.6%把自己看作是城乡边缘人。

在没有外来知识分子、新闻媒体或国外NGO组织介入的情况下，"小农自身的动员基本上是就事论事的动员，农民群体利益表达行动借用蒂利的说法，是'反应性的'而非'进取性的'的群体行动。……目标是局部性的而非整体性的，是较为具体的而非抽象的"。[1]

根据王春光2001年对温州市、杭州市和深圳市的调查，在新生

---

[1] 应星：《草根动员与农民群体利益的表达机制——四个个案的比较研究》，《社会学研究》2007年第2期。

代农村流动人口中，只有11.9%参加了流入地社会的一些组织（其中加入体育娱乐组织的人最多，其次是生产组织和党团组织），而绝大多数人没有参加任何组织。不参加的原因是因为"不需要、没意义的"占不到三分之一，还有不到三分之一的人是因为"没想过这个事情"，还有三分之一以上的人认为"不是不想参加而是因为没有组织吸纳他们"。①

自组织的缺乏使得流动的无序性以及治理的无效性等问题更加突出。"公共管理的困境之一是，由于政策设计上的缺陷，外来人口往往陷于一种政府服务的真空之中，在许多情况下，实际上过的是一种没有政府的生活。他们不把政府当成自己的政府，他们常常是向同乡组织、亲友组织甚至带有秘密社会色彩的组织寻求本应当由政府提供的'服务'。"②

---

① 王春光：《新生代农村流动人口的社会认同与城乡融合的关系》，《社会学研究》2001年第3期。
② 赵树凯：《沉重的脚步：1999年的民工流动》，汝信、陆学艺、单天伦主编《2000年：中国社会形势分析与预测》，社会科学文献出版社，2000，第223页。

| 第六章 |

创新与治理体系

第一节 作为实验的创新

实验

自然科学一般都是要基于实验,通过实验来证实或证伪理论。除了理论的逻辑自洽以外,理论还要经过可重复的实验加以观察验证。当然,在现实中,世界的复杂性使得设计再完善的实验也要在一定范围、框架、边界中进行,进而确定理论的使用边界。

在社会生活与实践中,其非线性使得社会政策的适用条件、范围、有效性更为复杂。将自然科学中的实验方法引入到社会科学中,逐渐成为除了观察以外的另一种研究方式。

社会创新[①]

社会创新作为社会问题新的解决之道,在政府、企业与社会组织之间跨界、合作以至融合的趋势下迅速发展起来,日益成为满足被忽略的社会需求以及更多社会新问题的解决方案。在实践和研究

---

① 本章中关于社会创新及社会实验的论述是作者参与的自科基金和社科基金课题的初步研究成果。

方面，社会创新都已呈现为一种国际潮流或"世界性现象"。① 在实践方面，英国、澳大利亚等通过政府与非营利组织签订全国性协议、创新组织形式（如英国社区利益公司）等为社会创新提供制度性保障，美国政府建立公民参与和社会创新白宫办公室、设立社会创新基金、20 多个州通过社会企业法，加拿大政府发布社会创新进展报告，韩国、法国、西班牙、比利时等国也纷纷制定社会企业相关法律。与实践的蓬勃发展相比，社会创新的理论、模式和政策研究，则显得苍白落后许多。

在方法论上，目前国内外关于社会创新的研究，除较多使用传统的案例研究、政策研究、比较研究外，实验研究和行动研究也开始兴起，并被引入到政策层面、组织层面、管理层面的研究中，受到实践界和学术界的重视。然而总体看来，国内外关于社会创新的系统研究、实验研究和行动研究，仍呈现出碎片化、割裂化的状态，有的领域尚属空白。在国内，关于社会创新的研究还处在起步阶段，多数论者热衷于介绍和普及社会创新，讨论集中在关于概念、体制、机制等宏观层面的表象分析，也有一些针对具体案例的中观和微观分析，欠缺深入和系统的研究。

当前社会创新研究主要集中在政策研究上，对于组织层面的研究更多是从社会发展和制度变迁的角度进行。在研究方法上，社会创新政策层面的研究中，除传统的研究方法外，实验方法基于其特殊的功能与应用潜力受到越来越多的关注。在组织和项目层面上，社会创新研究方法仍然主要采用的观察方法包括调研、案例分析等。

社会创新概念依据对"创新"不同阶段的理解不断发展。目前还未能有从最初的被理解为源于或依附于技术的创新，到基于社会进化论被认为是与技术创新无关、强调社会利益和社会改革的解决

---

① 何增科：《社会创新的十大理论问题》，《马克思主义与现实》2010 年第 5 期。

问题的过程，再到脱离社会改革、与技术创新平行、强调价值导向和社会导向的发展范式。自彼得·德鲁克在 1986 年提出现代意义上的"社会创新"概念以来，关于社会创新的界限、社会创新的动力和机制、社会创新行动者、社会创新模式、社会创新的效果等研究日渐深入，并逐渐形成了社会企业、社会创新、社会企业家精神、社会变迁等理论流派。社会企业家精神流派的代表人物是 Gregory Dees，他强调商业领域的企业家精神在推动社会变迁中的作用。社会企业流派则从组织形态的角度强调解决社会问题中所采用的商业手段，其主要代表人物是 Jerr Boschee 和 Jim McClurg。基于两种流派的分歧，第三种流派在商业和社会部门跨界融合的基础上提出了超越部门之间的障碍、采用多元化的组织形式和运作手段以推动社会问题的解决和社会变迁的进行，这就是社会创新流派。社会变迁流派则从社会的发展、发展哲学的转变、企业家利他主义的有效实现的角度解释社会创新。随着社会创新的实践发展，社会创新的研究在多学科、多面向（如面向人、组织或政策）、跨领域展开，研究方法上注重交叉性、贯穿性、融合性。2003 年春，斯坦福商学院社会创新中心发起成立了《斯坦福社会创新评论》，它将"社会创新"定义为"为满足社会需求和解决社会问题，发明、实施新奇措施，或为新奇措施提供帮助的过程"。后来，又将这一概念重新定义为"面对社会问题，比现存措施更加有力、有效且可持续的措施，其价值定位为作为整体的社会，而非个人"。社会创新区别于其他类型之处在于，它的价值定位在于社会，而非企业家、投资者或者消费者等私人价值。一种社会创新可以是一种产品、一种生产过程或者技术，它也可以是一个原则、一个想法、一件立法、一个社会运动、一次调停，或者是上述事件的联合。杨氏基金会的董事 Geoff Mulgan 则认为，社会创新是指创新性的行动和服务，它们以满足社会需求为目标，且主要通过以社会为首要目标的组织进行传播。社会创新以社会为主要目标使得它得以和商业创新区分开来，因为后者的动力往往来自利益最大化。Muford 认为，有些想法是关于人们如何组织人际互动或者社会互动以满足一个或者更多共同目标的，"社会创新"就是要产生和实施这些新想法。Heiscala 认为，"社会创新"意味着下列三种社会结构中至少有一种发生了变化：文化结构、规范（normative）结构和管理（regulative）结构。因此社会创新本质上就是一种社会变迁，会对既得利益者形成冲击。也有学者认为社会创新是一种关于公共物品的理念。还有人认为社会创新的最重要特征是提高人们的生活质量，但是它区别于商业创新，它并不通过市场满足人们的需求，尽管市场在后期可能介入。可见，"社会创新"这一概念的边界具有极大的模糊性。对一些学者来说，"社会创新"终究是一个一时流行、终会衰退的词，难以应用于学术研究。但是也有社会科学家认为"社会创新"这一概念具有自己独特的价值，因为它区别于商业创新、艺术创新和科技创新，是一种全新类型的创新。[1]

作为实验的社会创新

随着社会问题日益复杂化，社会创新作为有效应对社会问题的重要方式得到越来越多的政府、企业、社会和学术界的关注。现代意义上的创新理论最早是由经济学家约·阿·熊彼特在 1912 年提出的，即创新是从来没有过的"生产要素和生产条件的一种重新组合"，并"引入生产体系使其技术体系发生变革"，以获得"企业家利润"或"潜在的超额利润"的过程，包括开发新产品、使用新的

---

[1] 周红云：《社会创新理论及其检视》，《国外理论动态》2015 年第 7 期；何增科：《社会创新的十大理论问题》，《马克思主义与现实》2010 年第 5 期；臧雷振：《社会创新概念：世界语境与本土话语》，《经济社会体制比较》2011 年第 1 期。

生产方法、发现新的市场、发现新的原料或半成品、创建新的组织等。他明确地把创新与技术发明或创造区别开来,强调新的或重新组合的或再次发现的知识只有被引入经济系统,并导致一种非连续性的经济过程(他称之为"创造性破坏"),即新的技术发明被应用于经济活动,这样的"新组合"才是真正的创新。熊彼特的创新理论为理解社会创新提供了基本的方向。①

彼得·德鲁克虽然最先强调社会创新的意义,但并没有准确地界定社会创新,更多的是从经济、技术以外的领域来探讨社会创新问题,突出管理作为创新工具在满足和创造社会需求方面的作用。他认为,公共服务机构(包括政府、工会组织、教会、学校、医院、社区和慈善组织、专业和行业协会)需要学习如何在原有的系统中建立企业家精神和创新制度,这种社会创新将是这个时代最主要的政治任务。② 加拿大学者司徒·康格认为"社会创新就是创造新的程序、法律或者组织,它改变着人们相互之间发生关系的方式。它解决具体的社会问题,或使迄今为止还达不到的社会秩序或社会进步成为可能。"③英国社会创新实践先驱杰夫·摩根认为:"社会创新是指为了满足社会需求而进行的且大多将会在一些社会机构进行模式扩散的创造性行动和服务。"④社会创新理论的开创者德国社会学家沃尔夫冈·查普夫认为:"社会创新是达到目标的新的途径,特别是那些改变社会变迁方向的新的组织形式、新的控制方法和新的生活方式。它们比以往的实践能更好地解决问题。"⑤总之,在国外的社会

---

① 参见纪光欣、卞涛《论社会创新》,《中国石油大学学报(社会科学版)》2006年第3期。
② 〔美〕彼得·德鲁克:《创新与企业家精神》,蔡文燕译,机械工业出版社,2007,第155~163页。
③ 〔加〕司徒·康格:《社会创新》,赖海榕编译,《马克思主义与现实》2000年第4期。
④ 〔英〕杰夫·摩根等《社会硅谷:社会创新的发生与发展》,张晓扬译,《经济社会体制比较》2006年第5期。
⑤ 〔德〕沃尔夫冈·查普夫:《现代化与社会转型》,陆宏成、陈黎译,社会科学文献出版社,1998,第39页。

学、哲学、经济学、管理学等文献中，我们已经看到不少对社会创新所做的探索性研究，但已有研究尚缺乏统一的共识。"社会创新"是一个新的、具有重要认识价值和指导意义的论题，需要结合中国的实际进行深入研究。①

结合中国的实际，社会创新可以理解为一个涉及社会生活的基本理念、组织和制度的创新过程，是在旧的社会生活范式或体系的基础上建立新的运作模式的过程，其中既包含着对旧的生活范式或体系的否定，以及在理念、组织和制度层面突破旧有体制的大胆改革，也包含有建构新的理念、组织和制度的种种积极探索和尝试。简言之，社会创新是组织创新和制度创新，其中最具表象性的特征是在社会发展过程中涌现出的具有创新意义的各种组织和制度形式。②

在研究上日益强调多学科、跨领域的研究方法，涉及政策、组织、行为等多个层面，社会创新的研究在创新主体与领域、创新动力与激励机制、创新与社会企业家精神、创新的影响力等方面日渐深入。③ 社会创新研究流派也从最早的强调商业领域运作模式、商业企业家，到以社会为主体、引入商业手段解决社会问题，再到部门融合、跨界合作、组织多元、运作手段多样，发展到现在强调交叉性、贯穿性和融合性的社会变迁，从发展哲学、人性假设与认知等角度展开。在这四个发展过程中，代表人物分别为 Gregory Dees，JerrBoschee 和 Jim McClurg 等。企业与社会的融合从手段依次发展到组织、社会结构、社会变迁。社会创新的概念也从基于社会进化论强调与技术创新无关，到强调社会主体、社会利益的解决问题的过程，再到社会变迁、社会创新与技术创新有效结合，强调价值导向

---

① 臧雷振：《社会创新概念：世界语境与本土话语》，《经济社会体制比较》2011 年第 1 期。
② 王名、朱晓红：《社会组织发展与社会创新》，《经济社会体制比较》2009 年第 4 期。
③ 周红云：《社会创新理论及其检视》，《国外理论动态》2015 年第 7 期。

和社会目标导向的发展脉络。

即使如此,社会创新的概念、本质、界限等仍然存在较大的分歧。斯坦福商学院社会创新中心刊发的《斯坦福社会创新评论》对社会创新的定义从最初的"为满足社会需求和解决社会问题,发明、实施新奇措施,或为新奇措施提供帮助的过程"发展到"面对社会问题,比现存措施更加有力、有效且可持续的措施,其价值定位为作为整体的社会,而非个人",更加强调价值、社会目标与人本主义的结合(Phills J. A., Deiglmeier K., Miller D. T., 2008)。强调作为整体的社会是社会创新的价值定位。而 Phills J. A., Deiglmeier K., Miller D. T. (2008)则把社会创新的边界大大拓宽,更为注重社会创新的软影响与微效果。杨氏基金会的董事 Geoff Mulgan (2006)将社会创新的重点放在行动与服务至上,强调社会目标使得商业创新与社会创新得以分开,且社会创新主要通过组织化的机制进行传播与扩散。Muford 认为社会创新要催化、产生并实施关于组织或社会互动以满足共同目标的新想法。Heiscala 则从社会创新的效果角度对社会结构的文化结构、规范结构和管理结构的变化进行了分析。从社会创新结果导致对既得利益者形成冲击效果的角度将社会创新的本质定位于社会变迁的过程。[①]

在研究方法上,观察和社会实验是社会创新研究的两种基本方法。通过试验方法对社会创新进行研究又可分为现场试验和实验室实验。现场试验中的政策创新试点在国内外的实践与研究中均涉及较多,现场试验中的社会实验在美国相关政策实践和研究较多。20世纪 60 年代开始,社会实验的方法在美国公共政策研究领域受到重视,常被用来评价教育、医疗保险、住房、职业培训、电力价格调整等诸多公共政策项目的效果。在美国,社会实验已经成为一个市

---

① 周红云:《社会创新理论及其检视》,《国外理论动态》2015 年第 7 期。

场。根据 Greenberg David 等（1999）的统计，在美国进行的 293 项社会实验中，其中 92 项针对的是教育和培训领域，94 项针对的是就业政策，57 项针对信息和咨询领域，24 项针对的是转移支付问题，美国联邦政府、州政府和非政府组织是社会实验的主要买方。现场试验的成本大、流程复杂、风险大、领域与环境要求严格等劣势使得其大规模推广和复制存在较大困难。20 世纪 60 年代后起源于心理学和实验经济学的实验室实验方法被引入社会科学领域。实验室实验方法逐步从针对政策有关的人的行为的一般问题和规律研究转向针对某项具体政策改进，从模拟人的行为规则转向真人参与、互动，从管理行为转向主体间关系、信息流动等。

从社会创新的产生、发展、完善的过程来看，实验室研究方法具有巨大的优势。社会创新的起点往往因为一个特定的社会需求无法被满足，并伴随着一个需求被满足的想法与过程的具体落实。培育社会创新最有效的方法往往建立在一个假设基础之上，即人们能够解释他们自己的生活，并解决他们自己的问题。社会创新的第二阶段是选择一个最有希望的想法并在实践中对其测试，即通过实验想法形成创新原型。第三阶段是发生于实验之后，被证明可行的创新想法要在这一阶段被做出评估、放大、复制、扩散。社会创新的最后一个阶段，是要学习和适应已经形成的创新模型，尽管它可能和发起者最初所设想的完全不同（Mulgan G，2006）。[1] 近年来关于社会创新实验方法的探索和进展主要集中在如下三个方面：

第一，从主体、行为、信息等方向展开社会创新具体政策问题研究。

第二，强调基于社会问题的整体性、系统性进行跨界合作。

第三，重视技术手段的应用。基于大数据进行数据挖掘、模拟

---

[1] 何增科：《社会创新的十大理论问题》，《马克思主义与现实》2010 年第 5 期。

现实（VR）等方法的应用。

第四，开始尝试社会创新实验在不同层面的贯穿。尤其是注重政策、组织和项目三个层次创新实验的有效结合。

第二节 治理体系

社会治理现代化

党的十八届三中全会明确提出完善和发展中国特色社会主义制度，推进国家治理体系和治理能力现代化，将其作为全面社会改革的总目标，这是具有划时代意义的重大理论创新和思想共识。

国家治理体系和治理能力现代化包括政府治理、市场治理和社会治理三个最重要的次级体系。① 从全面深化改革的意义上来说，国家治理体系要求形成完善的公共治理制度和规范，推进政治体系、法制体系和治理体系的全面改革，这是推进社会体制改革和社会治理的必要前提，只有转变政府职能、深化行政体制改革，才能处理好政府与市场、政府与社会、中央与地方的关系，进而深化经济领域和社会领域的诸多改革。但也需要看到，虽然经济体制改革仍然是全面深化改革的重点，但是由于"社会体制的改革及社会治理现代化比政府治理体系更加广泛、复杂和艰难，因而需要更加渐进乃至反复的过程，加之经济体制改革在总体上已经成功及其解开和积累的大量社会问题，使得这一过程具有更为强烈的现实性和紧迫性，在一定意义上可以说，社会改革及社会治理现代化，乃是继经济改革之后中国改革走向全面深化的第二个主战场"。② 以现代化治理理

---

① 俞可平：《加强标准化建设以推进国家治理现代化》，《社会科学报》2016 年 6 月 2 日，第 3 版。
② 王名：《社会组织与社会治理》，社会科学文献出版社，2014 年，第 1 页。

念为基础的国家治理体系需以公共服务为目的建立服务型政府。建设法治中国、建立法治型政府要求坚持国家、政府、社会建设统一于法治建设，治理体系需要制度化和规范化，以制度为基础处理各种重大关系、解决政府治理和社会治理改革创新的体制机制问题。国家治理能力现代化则要求充分动员社会力量、改进治理方式，激发社会创新，实现经济社会的协调、可持续发展，承担国际责任与义务参与全球治理，最终实现共享发展的各方面能力，亦即落实党的十八届五中全会提出的创新、协调、绿色、开放、共享的发展理念。

目前关于社会体制改革和社会治理创新的研究主要围绕治理主体、治理机制、治理效果等方面展开，集中在政治学、社会学、公共管理学和法学等领域。主要围绕社会发展或建设规律、路径，社会体制改革目标，政府与社会的关系，社会服务与社会管理，社会治理，社会创新等方面展开。

社会体制改革的目标是推进社会治理体系和治理能力现代化，社会组织体制、社会服务体制、社会管理体制是最为重要的三个次级体制。社会管理体制的改革离不开政府职能转变、行政体制改革，建立社会组织体制即要实现社会治理多元主体参与，而服务型、法治型政府的建立和社会自组织、自服务的形成与完善使得社会管理体制与社会组织体制在社会服务体制改革中获得统一，同时社会服务体制改革是形成现代社会组织体制、推进政府职能转变的重要切入口，用公共服务统领社会服务、推动社会服务体制改革、推进服务型政府管理方式、推动事业单位改革进而形成现代社会组织体制无疑具有重要的理论和实践意义。社会体制改革法制体系和社会治理创新体系贯穿于社会组织体制、社会服务体制、社会管理体制，从法制体系、社会创新与社会治理的角度赋予社会体制改革法律保障和发展动力。

社会建设与社会发展

关于社会发展或社会建设的研究文献主要集中于对社会结构、社会发展或建设的规律、路径和趋势方面。在关于社会的基本认识方面，从本源主义角度讲，社会这一概念形成于近代，是近代传统体制解体、社会中间层消失的产物，是面对城市化过程中如何运用不同于以往的纽带——如血缘、身份等——连接陌生人的产物，亦即社会在组织化过程的产物。及至近代，马克思、恩格斯在分析人类发展规律时运用辩证唯物主义史观区分了大社会和小社会，把基于私人利益关系领域、与国家和公民相对应的自主领域称为小社会。及至现代的"社会"一词无疑带有强烈的政治关怀和时代特征。自孔德以降，传统意义上的社会学一直试图从个人—社会关系的角度分析社会结构和社会变迁。在这一理解下的社会发展或社会建设一直是西方社会学的核心话题，聚焦于个人自由、社会生活、社会关系、社会变迁和社会秩序。孔德将社会与生物有机体做类比，提倡集体主义，认为社会优先于个人，注重道德、宗教等主观、精神力量在社会发展、变迁中的作用。斯宾塞基于社会体系的结构与功能，提倡个人主义，认为个人优先于社会，更注重复杂多样的客观因素在社会进化中的作用。涂尔干从社会分工、集体意识的角度提出"机械团结"和"有机团结"的著名范畴，聚焦于社会与个人的关系即社会秩序和社会团结问题。滕尼斯则提出"共同体"和"社会"这对范畴强调工业化、城市化带来的"社会"的形成及对共同体的破坏，偏向于共同体要素对个体的意义。国内很多学者也在这一社会学传统下理解社会发展或社会建设。如郑杭生（郑杭生，2009）认为[①]，正向、逆

---

① 郑杭生、杨敏：《关于社会建设的内涵和外延论当前中国社会建议的时代内容》，《学海》2008 年第 4 期。

向两方面的内容来看，社会建设本身就是一个包含多方面内容的极其复杂的系统工程。从正向看，社会建设是要在社会领域建立和完善各种旨在合理配置社会资源、社会机会的社会结构与社会机制，并在此同时形成能够良性调节社会关系的各类社会组织与社会力量。从逆向看，社会建设是要根据当前社会矛盾、社会问题、社会风险的新特点和新趋势，建构正确处理这些矛盾、问题和风险的新机制、新实体与新主体，通过这样的新机制、新实体和新主体，更好地弥合分歧、化解矛盾、控制冲突、降低风险、增加安全、增进团结、改善民生。陆学艺（陆学艺，2011）[1]认为，社会建设是为了实现社会和谐与社会进步，其主要内容包括社会结构调整与构建、社会组织培育、社区建设、社会流动和社会阶层利益关系协调机制建设、社会事业和社会保障制度建设以及社会安全体制建设和社会管理机制建设。

自黑格尔提出国家和市民社会二分法，经由马克思、葛兰西等进一步批判、发展为国家－经济－市民社会后，学者习惯于从国家—社会关系的角度来阐释社会发展。其强调国家与社会的二元对立，重视国家与社会的边界不能混淆、国家不能侵占社会生活领域。随着经济的影响力和决定力日益增强，葛兰西等人将经济领域和经济组织从社会中剥离出去，将国家－社会二分法拓展为国家－经济－社会三分法，其价值仍然是强调作为主体的社会的自组织化与国家公权力的抗衡。当前我国关于学术界在分析政府与社会关系时依然沿袭西方的三分法对社会进行定义，从社会价值、结社生态、公共领域、社会法域的角度对社会进行阐释。在此基础上，具有中国特色的社会理论也不断出现。如孙立平等人将波兰尼在考察19世纪英国史提出的"能动社会"概念引入国内，他们认为"就现实而言，我国社

---

[1] 陆学艺：《社会建设就是建设社会现代化》，《社会学研究》2011年第4期。

会建设的根本目标是制约权力、驾驭资本、遏止社会失序",强调社会建设究其根本而言应该是一个"自组织"而非"他组织"的过程,核心在于"社会主体性的培育,尤其是自组织的社会生活的培育。社会建设不应当是权力主导的过程,不是权力或市场对社会的占领;也不能仅仅归结为促进各类社会事业的发展、社会管理机构的强化和社区建设的实施,而是充分发挥社会自身的主体性。社会建设须基于三个维度:以社会结构为基础,以社会组织为载体,同时以社会制度(机制)为保证"。①

在国家介入到社会建设领域的作用评价方面,传统的国家-社会理论一直秉持单向度的关系分析框架,强调国家与社会之间的对抗、制衡。当前仍有很多学者倡导通过复兴与捍卫社会权力来抵制国家公权力对社会生活领域的渗透与侵占。另一些学者则针对政府职能的转变、政府职能实现机制以及政府在不同领域的干预行为进行区分,力图对国家介入到社会领域的作用进行更为客观、精确的分析。如陶传进②在对中国农村社会的研究中发现除了国家与社会之间的权力控制关系之外,还存在着国家运用公权力对社会的支持和帮助,进而形成国家与社会之间的另一种独立关系。他提出国家与社会的"双轴"关系:控制与支持关系。在"双轴"关系的分析框架下,政府介入社会的作用从权力运作的角度可区分出不同的模式并产生积极和消极两方面的作用。积极方面的作用可以从政府通过转变职能实现方式为社会的自组织发展提供空间,通过购买服务、资助等方式提供资源支持,通过相关法律和政策的制定为社会自组织、自服务、自发展提供良好的外部环境和制度保障,同时政府的

---

① 清华大学社会学系社会发展研究课题组:《走向社会重建之路》,《民主与法治》2010 年第 6 期。
② 陶传进:《控制与支持:国家与社会间的两种独立关系研究——中国农村社会里的情形》,《管理世界》2008 年第 2 期。

介入也会对社区公民的公民意识、公民精神和公民行为产生影响，进而有利于社会自组织更好地发展。国内的研究从政府公益创投、购买服务、资金支持等方面进行研究，强调政府介入对社会组织合法性、能力提升等方面的作用；消极方面的作用则是政府介入的边界不清晰、方法过于简单直接时往往容易导致社会组织的资源依赖，并对其组织的管理自主性、目标异化、结构趋于行政化等。

随着大规模社会建设的开展，对政府干预社会发展的作用的研究逐步深入，对政府干预的策略、作用进行了更为细致的研究。康晓光[1]等人（2010）提出"行政吸纳社会"的概念，认为政府干预的实质是国家主导下"与社会的融合"，国家培育某些类别的社会组织是"采取'社会的方式'进入社会"以实现"功能替代"，其结果仍是使社会处于国家的控制之中。刘培峰[2]（2004）区分了政府对不同社会组织所采取的扶植、吸纳、替代、控制等不同策略。吴玉章（2008）[3]认为党和政府依托政治、行政手段及体制优势，建构起将社会组织边缘化、整合的"排斥"体系。郑琦（2013）[4]采用"激励－约束"模型分析社区层面政府培育社会组织的作用机制，认为其核心在于政府对社会组织的选择性培育等。王名、孙伟林（2014）[5]认为自改革开放以后，政府与社会的关系体现了政府对社会的发展型战略、控制性战略和规范性战略，这三种战略随着法治国家建设和社会管理创新的实践不断推动政府与社会关系的变迁。

---

[1] 康晓光、韩恒：《行政吸纳社会——当前中国大陆国家与社会关系再研究》，《中国社会科学》（英文版）2007年第2期。
[2] 刘培峰：《社团管理的许可与放任》，《法学研究》2004年第4期。
[3] 吴玉章：《结社与社团管理》，《政治与法律》2008年第3期。
[4] 郑琦博士论文：《论公民共同体——共同体生成与政府培育作用研究》。
[5] 王名、孙伟林：《社会组织管理体制：内在逻辑与发展趋势》，《中国行政管理》2011年第7期。

社会结构

关于当前我国社会结构的主要特点，学者们进行了较为深入的研究。甘满堂在"城市农民工与转型期中国社会的三元结构"中提出：美国经济学家刘易斯在 1954 年和 1958 年发表的《劳动力无限供给条件下的经济发展》和《再论无限的劳动》两篇论文中创立了农村剩余劳动力转移的二元结构模型，将传统自给自足的农业经济结构和城市现代工业体系称为国民经济的二元结构。社会学界把此模型运用到社会结构领域提出城市与乡村、农村居民与城市居民的二元社会结构。从离土不离乡、进厂不进城到离土又离乡、进厂又进城的两条道路，使得农民工迅速增加，并在户籍制度的影响下，用工制度仍然是身份制和市场制并存的局面，形成了城市农民工这一相对独立的群体，其独立性在于游离于城市与农村之间。渠敬东等[1]在"从总体支配到技术治理"一文中把中国 30 年的改革历程分为三个阶段：最初十年是以双轨制为核心机制的二元社会结构，20 世纪 90 年代开始的全面市场化及分税制改革确立了市场与权力、中央与地方以及社会分配的新格局，进入新世纪后的行政科层化的治理改革得以实行并成为推动社会建设的根本机制。在第二个阶段改革初期的共赢的社会财富分配机制趋于式微，权力和市场结合形成主导的分配机制，农村劳动力外出使得城乡劳动力市场一体化，但同时使得其在政治、经济和社会福利等方面受到不平等待遇，使得城乡差距在城市内部被不断再生产出来。这种差距的改变一直面临户籍制度与土地制度两种制度困境。胡鞍钢等[2]在"现代中国经济社

---

[1] 渠敬东、周飞舟、应星：《从总体支配到技术治理——基于中国 30 年改革经验的社会学分析》，《中国社会科学》2009 年第 6 期。
[2] 胡鞍钢、马伟：《现代中国经济社会转型：从二元结构到四元结构（1949 - 2009）》，《清华大学学报（哲学社会科学版）》2012 年第 1 期。

会转型：从二元结构到四元结构（1949－2009）"一文中提出，随着改革开放我国的经济社会从二元结构发展到三元结构（1978－1991）：城市工业化部门，乡镇企业部门与传统农业部门组成的农村社会二元经济结构。20世纪90年代后形成四元结构则是城市地区高速增长的非正规经济、超大规模的非正规就业，包括个体经济、私营经济，以及未被纳入国家统计局统计范围只是作为差额项进行估计的农民工。未来几十年发展的基本方向也按照这一独特的逻辑走向四元一体化，尤其是走向不同结构中的人口基本公共服务均等化。"十一五"后就开始了"四化"道路：农业现代化、农村工业化、农民工城市化、城乡居民基本公共服务均等化。

孙立平[1]和刘平[2]都提出，城乡关系进入了一个新的"市场主导型二元结构"，在城市内部又存在一个二元结构，且计划与市场、市场与社会两种不同的机制和运动的并存。徐明华[3]等在"中国的三元社会结构与城乡一体化发展"一文中，借由90年代初陈吉元等提出的"中国的三元经济结构与农业剩余劳动力转移"的三元经济结构分析了当前三元社会结构，分析了农村六大阶层中最重要的农民工群体作为三元社会结构的组成部分。陆学艺[4]在"中国社会结构的变化及发展趋势"一文中总结了改革开放以来的社会机构的变化与发展趋势，通过人口结构、就业结构、城乡结构、社会阶层结构的变化来阐明中国社会结构的变迁。

在这个社会结构中，农民工的社会地位也在不断发生变化。李

---

[1] 孙立平：《城乡之间的"新二元结构"与农民工流动》，载李培林主编《农民工——中国进城农民工的经济社会分析》，社会科学文献出版社，2003，第149～160页。
[2] 刘平：《新二元社会与中国社会转型研究》，《中国社会科学》2007年第1期。
[3] 徐明华、盛世豪、白小虎：《中国的三元社会结构与城乡一体化发展》，《经济学家》2003年第6期。
[4] 陆学艺：《中国社会结构的变化及发展趋势》，《云南民族大学学报（哲学社会科学版）》2006年第5期。

强①提出社会分层结构的重大变化：身份制的变迁，使得农民突破户籍限制，更突破了"离土不离乡"的政策，但恰恰是因为阶级体系和所有权体制被打碎，使得户籍等制度成为取代阶级和所有权而维持社会秩序、资源分配秩序的基本制度，户籍制度自然更为严格。而这种户籍制度如果附带了更多的不公正的福利保障，那么与经济分层所带来的贫富差距联系在一起必然激化社会矛盾。尤其是中国自古以来"历代都行秦政治"的中央集权体制使得城乡二元结构更为分化，农村、农民、农业进一步被推向社会边缘。与此同时，农民群体已经出现了根本性的职业分化，有 1/3 左右的农民已经属于工人阶级。李强在"当前中国社会的四个利益群体"一文中把农民工归类为社会底层群体。

刘祖云②对改革前的各个阶层在改革后的分化进行了分析，认为改革后最大的边缘群体是具有农民身份的工人，其离土表明农民的职业分化，离乡表明农民的地域分化，在职业上实现了从农民到工人的转化。但是户籍、人事、劳动等制度使其仍然具有农民的身份，虽然他们作为整体已不可能回到农民，从动态发展角度来看，农民工是一个过渡群体。孙立平提出，面对工业化和城市化，下岗或失业工人以及农民工被甩在了工业化和现代化的过程之外。③

关于农民工流动所形成的现代化进程中的双向运动，王绍光④提出，在经历了 20 世纪 90 年代的"市场社会"梦魇后，中国出现了蓬勃的方向运动并正在催生出一个"社会市场"：市场仍然是资源配置的主要机制，但政府通过再分配的方式，尽力对与人类生存权相

---

① 李强：《改革开放 30 年来中国社会分层结构的变迁》，《北京社会科学》2008 年第 5 期。
② 刘祖云：《社会转型与社会分层》，《华中师范大学学报（人文社会科学版）》1999 年第 4 期。
③ 孙立平：《我们在开始面对一个断裂的社会？》，《战略与管理》2002 年第 2 期。
④ 王绍光：《大转型：1980 年代以来中国的双向运动》，《中国社会科学》2008 年第 1 期。

关的领域"去商品化",使改革成果社会共享,从而把市场重新"嵌入"社会伦理关系中。自改革开放以来,中国经历了从伦理经济到市场社会的转变,市场原则席卷非经济领域大有成为整合社会生活机制的势头。但20世纪90年代末社会问题的加剧使得关于缩小不平等和降低不安全的社会政策迅速出台,如西部大开发,取消农业税,最低生活保障,上海、成都等地的流动人口综合社会保险,2003~2004年劳动和社会保障部正式把农村进城务工人员纳入医疗保险范围,个体经营者也按照灵活就业人员参保,山东、北京等地同年也开始试验农民工医保。2006年,国务院发布的《关于解决农民工问题的若干意见》中强调,抓紧解决农民工大病医疗保障问题。劳动和社会保障部和各地纷纷出台相关政策推进农民工医疗保障。2003年初,中国政府转变了对农村合作医疗的态度,积极出台相关政策。2007年全国人大常委会通过的《劳动合同法》规定国家采取措施,逐步实现劳动者基本养老保险个人账户随劳动者在全国范围内的流动,在未来社会保险必实行全国统筹。2007年中央一号文件《中共中央国务院关于积极发展现代农业扎实推进社会主义新农村建设的若干意见》中首先提出"探索建立多重形式的农村养老保险制度"。

马骏[①]运用波兰尼的"双向运动"理论分析了改革以来中国从市场化运动这一单向推动进而在21世纪在市场化运动和社会自我保护运动这两个方向相反的"双向运动"的张力中展开的国家重建。

制度创新

制度创新理论认为人为的制度设计特别是制度创新能够改变社会的特性及其发展路径。具体到一定的地方社会或一定的共同体的

---

① 马骏:《经济、社会变迁与国家重建:改革以来的中国》,《公共行政评论》2010年第1期。

发展演进，也存在着两类不同的认识。滕尼斯在探讨共同体起源时，认为共同体的产生是基于最原始的自然关系，并在长期历史过程中有机、自然地进化而成。他认为共同体是自然形成的，是不能刻意建构的。托克维尔却在《论美国的民主》中从历史的视角分析了美国结社传统和乡镇自治产生的原因。他在美国的考察期间深深感受到美国人高昂的结社热情和深厚的乡镇精神，认为这种精神来源于新英格兰地区美国早期移民建立的乡镇自治制度。帕特南在《使民主运转起来》中也从历史的角度分析了意大利南北部政府绩效差异背后的公民共同体因素。他将南北共同体的差异追溯到12世纪南北部截然不同的政治体制，即南方君主制和北方共和制，并认为作为公民共同体本质特征的信任、合作、参与等社会资本具有自我增强和可累积性。由此，早期的历史因素在一定程度上决定了当今的共同体特征和政府制度绩效。在关于中国农村自组织和乡村共同体的论述中，也有很多学者强调自然和历史因素的影响。如有学者认为：因为传统中国乡土社会缺乏具有紧密纽带的"小共同体"，缺乏可以制衡"大共同体"（国家或王权）的自治机制，才使得中国乡村在20世纪公社化运动中比俄国村社更易于集体化、一元化。

蔡昉在①提出，中国政府作为发展型和竞争型政府的激励，在刘易斯转折点后可以转变为加强对劳动力社会保护的动机，并基于以提供社会保护为主要内容的蒂布特式激励使地方政府回归公共服务这一本质职能，提供更加均等的基本公共服务。孙立平、李强、沈原在"中国社会结构转型的中近期趋势与隐患"报告中指出，中国社会从过去的高度统一和集中、社会连带性极强的社会，转变为更多带有局部性、碎片化特征的社会，体制改革从最初的做大蛋糕向

---

① 中国战略与管理研究分社会结构转型课题组：《刘易斯转折点与公共政策方向的转变》，《战略与管理》1998年第5期。

切蛋糕转变，长期继续的矛盾和危机把中国推向高风险社会，这个时期社会保障体系成为调适国家和社会关系、精英和民众关系的焦点领域，需从结构、制度、组织重建社会。

尤其要注意的是："从社会学的角度来理解法律，我们可以发现，法律的主要功能也许并不在于变革，而在于建立和保持一种可以大致确定的预期，以便利人们的相互交往和行为。从这个意义上法律从来都是社会中的一种比较保守的力量，而不是一种变革的力量。"[①] 但并不是只有法律具备这种功能，习惯和村规民约也可以发挥此种功能，在一定的范围和社会结构如农村中，可能会比法律更加有效。

第三节　现代性与组织化

现代化治理

党的十八届三中全会明确全面深化改革的总目标是完善和发展中国特色社会主义制度，推进国家治理体系和治理能力现代化。社会体制改革的目标是推进社会治理体系和治理能力现代化，社会组织体制、社会服务体制、社会管理体制是最为重要的三个次级体制。社会管理体制的改革离不开政府职能转变、行政体制改革，服务型政府的建立使得社会管理体制与社会服务体制交叉在一起，并通过公共服务统合社会服务来实现二者的有效衔接。而建立社会组织体制即要实现社会治理多元主体参与，这就需要从政策－组织－行为、协商－治理－服务、共治－他律－自律三种贯穿性层次切入。同时，社会服务体制改革是形成现代社会组织体制、推进政府职能转变的重要切入口，用公共服务统领社会服务，推动社会服务体制改革、

---

① 苏力：《变法，法治建设及其本土资源》，《中外法学》1995 年第 5 期。

推进服务型政府管理方式、推动事业单位改革进而形成现代社会组织体制无疑具有重要的理论和实践意义。社会体制改革法制体系和社会治理创新体系贯穿于社会组织体制、社会服务体制、社会管理体制，作为基础性的保障存在。

如前文所述，以现代化治理理念为基础的国家治理体系需以公共服务为目的建立服务型政府。建设法治中国、建立法治型政府要求坚持国家、政府、社会建设统一于法治建设，治理体系需要制度化和规范化，以制度为基础处理各种重大关系、解决政府治理和社会治理改革创新的体制机制问题。国家治理能力现代化则要求充分动员社会力量、改进治理方式，激发社会创新，实现经济社会的协调、可持续发展，承担国际责任与义务参与全球治理，最终实现共享发展的各方面能力，亦即落实党的十八届五中全会提出的创新、协调、绿色、开放、共享的发展理念。十八大报告明确提出，要在政社分开、权责明确、依法自治的前提下加快形成现代社会组织体制。如何理解这三大前提？我们认为，这三大前提，强调的是在加快形成现代社会组织体制的过程中，有三个相辅相成、相互制约的关键步骤：第一是实现政社分开，即努力推进改革，理清政府职能的边界，在改革中建构政府与社会组织合作共治的社会协同局面。第二是做到权责明确，即努力实现转型，在推进政府职能转变的过程中实现国家与社会关系、党政与社会组织关系的转型，建构政府各相关职能部门与社会组织之间以服务为轴心的新型关系，探索党政部门与社会组织之间的合作互动机制。第三是贯彻依法自治，即积极探索社会重建，在不断完善宪政基础上公民基本权利保障体制的同时，推动社会自治系统的发育和成长。因此，政社分开、权责明确、依法自治，是从改革、转型和重建三个方面强调的建构现代社会组织体制的重要前提。只有加快推进政社分开、权责明确、依法自治，才能真正形成现代社会组织体制。

组织与服务

社会服务作为形成现代社会组织体制、社会服务体制、社会治理体制的切入口，将推动我国社会体制改革顺利实现。它在用公共服务来统领社会服务，推动现代社会服务体系的改革与完善，进而推动政府职能转移、政社关系重建、事业单位改革等方面具有重要的实践与理论意义。

社会政策归根结底是关于社会福利的政策，社会福利政策聚焦于社会福利的有效供给，这种有效供给需要通过需求导向的、专业社会服务[①]供给来实现。顺应我国全面深化改革的要求，社会福利供给侧改革成为社会政策改革的出发点和落脚点。这一改革以社会服务为社会体制改革的切入口，以社会服务的供给主体、供给机制、供给效果和效率为重点，强调作为社会体制改革重要组成部分的社会服务体制的建设与发展。

从公民的权利、利益分配与调整、社会问题解决的角度，社会服务是指为改善和发展公民社会福利，通过有效配置社会资源，[②] 由各类社会服务机构[③]直接提供的社会性和生活福利性服务的总和。这

---

① 社会服务运动在英国出现伊始就是解决弱势群体的社会福利问题。自英国学者理查德·提特穆斯在1958年的著作《福利国家》首次定义社会服务以后，这一概念进入政治视野并通过制定社会政策以试图系统化地解决社会问题。
② 此处所讲社会资源是最为广泛意义上的概念，政府提供的相关资源也作为"社会"资源的一种，强调的是资源来源的广泛性与平等性。平等性是指资源的来源并不影响机构的性质，亦即资源仅对契约的形成而非身份的构成有影响。
③ 社会服务机构是十二届全国人大四次会议通过的《慈善法》提出的新概念。其第八条规定：本法所称慈善组织，是指依法成立、符合本法规定，以面向社会开展慈善活动为宗旨的非营利性组织。慈善组织可以采取基金会、社会团体、社会服务机构等组织形式。该法中没有对社会服务机构做出明确的定义，从原有的社会组织相关条例比较来看，社会服务机构是取代民办非企业单位作为非营利组织的一种形式，同时在满足条件的基础上可以获得慈善组织资格认定。

种服务超越政府提供的基本公共服务而包含针对特定群体的更多元化、个性化的服务。其中包括两部分内容：一部分是以全体社会成员为对象、以社会性社会服务为重点的社会服务以及各种便民利民服务，包括可以由社会、市场进行资源配置的社会公共服务（政府提供的基础公共服务如基础设施的提供、经济公共服务如科技政策的制定以及公共安全如国防、外交等不包括在内）；[1] 另一部分是为社会弱势群体如老年人、残疾人、困境儿童等提供的生活福利性社会服务以及为特定人员提供的超出基本社会公共服务范围的高端、个性化的服务。[2]

社会服务的概念与外延体现了社会服务内容的包容性，社会服务资源的多样性，社会服务提供主体的相对确定性，社会服务供给方式的体系化，社会服务公平性与差异化的统一。具体而言，一是社会服务内容的包容性。从社会服务的内容上来看，社会服务包括了由政府承担责任的、可以通过社会服务机构有效配置资源提供的社会性社会服务为重点的社会公共服务，也包括了由各类社会服务机构利用其他社会资源提供的生活福利性服务。二是社会服务资源的多样性。基于社会服务内容的包容性，提供社会服务既要强调政府在社会服务中的公共财政投入，同时也要通过创造公平的社会力量参与环境，充分动员包括个人、社会组织、企业在内的社会资源，提升社会力量在社会服务供给体系中的参与水平。三是社会服务提供主体的相对确定性。社会服务主要由各类社会服务机构提供，公民、其他类型的社会组织、企业等社会力量主要通过社会服务机构

---

[1] 这里强调的政府作为社会公共服务的最终责任承担者，而不是作为服务的直接提供方。强调的不是组织自身的性质，更着重于在服务链条上各类机构的职能分工。参见赵黎青《中国社会公共服务体制的现状与问题》，《社会学》2008年第2期，第1~2页。

[2] 王名等著《社会组织与社会治理》，社会科学文献出版社，2014，第131~132页。亦可参见何增科主编《中国社会管理体制改革路线图》，国家行政学院出版社，2009，第263页。

来参与社会服务的提供。四是社会服务供给的体系化。责任承担者与实际供给者开始分离：政府承担社会公共服务提供的最终责任，其提供方式既可以是通过推动事业单位改革成为社会组织进而提供服务，也可以通过购买社会服务机构服务的形式来提供。为弱势群体提供生活福利性社会服务既可以由政府、社会服务机构等主体直接、独立提供，也可以通过政府购买服务等方式由包括社会服务机构在内的社会力量来提供。五是社会服务公平性与差异化的统一。政府提供社会公共服务以公平为基本原则，针对的是全体社会成员。社会组织提供的社会服务强调个性化、差异化，主要以弱势群体为对象。

社会服务的基本属性包括非营利性、自治性、专业性、慈善性、志愿性和经营性。非营利性是指提供社会服务的目的是解决社会问题而不是获得利润。自治性是指社会服务主要是由取得独立法人地位、自主提供服务的社会服务机构提供，即使是社会公共服务也主要由有效配置社会资源的社会服务机构来提供，政府承担的是服务提供的最终责任。专业性是指社会服务机构依靠自身的专业性推动社会服务的有效供给。慈善性和志愿性是指社会服务的目标群体包括全体社会成员，并强调成员之间的志愿互助服务。经营性是指除了获得政府、基金会、企业等的资助外，社会服务机构通过低于市场的价格收取服务费用以获得可持续发展。与公共服务及其提供相比，社会服务在内容上既与公共服务中的社会公共服务部分交叉，同时在利用社会资源、针对弱势群体的生活福利性社会服务方面又是公共服务的有效补充，在服务的提供方式上，社会公共服务的提供可以通过政府购买社会服务机构服务的方式进行，以有效发挥不同主体的比较优势。与市场服务及其提供相比，社会服务面向的群体主要是弱势群体，并通过有效配置社会资源而非通过营利性服务来提供。对基本需求、弱势群体需求以及高端需求的满足形成了完整的社会服务供给体系。

作为社会服务供给主体的社会服务机构。社会服务的供给主体以各种形式的社会服务机构为主,包括一部分事业单位和社会企业等。作为一个全新的、带有改革意义的概念,社会服务机构在组织来源、基本属性、资源配置方面具有自身的独特性。作为组织的社会服务机构的来源途径主要有四种:一是原为民办非企业单位的社会服务机构。在对民办非企业单位进行科学分类的基础上,对其中具有明确清晰的社会目标和使命,提供经常性、连续性、专业化社会服务的非营利机构可转为社会服务机构。推动一部分民办非企业单位转为社会服务机构,一部分民办非企业单位转为市场组织,不仅仅解决民办非企业单位长久以来的"名称之殇"以证其名,更重要的是解决提供社会服务的专业机构发展所面临的制度性障碍:法律性质不清、法人形式混乱、治理机构不科学、财产属性存疑、规制手段僵化、分类改革与发展路径不统一等。二是原为事业单位[①]的社会服务机构。对可以由社会、市场进行资源配置、提供社会性、公益性社会服务为重点的事业单位可转为社会服务机构。这有利于尽快推动事业单位分类改革进程。三是社会企业等创新组织,运用商业手段解决社会问题,以推动弱势群体赋能与发展为组织目的的社会企业也可以纳入社会服务机构范围。四是新设社会服务机构。《慈善法》和修订中的《社会服务机构条例》生效后新设立的社会服务机构。前两种解决已有的"存量机构"的改革问题,后两种解决"增量机构"的创新发展问题。

---

① 根据《事业单位登记管理暂行条例》的规定,事业单位是指,国家为了社会公益目的,由国家机关举办或者其他组织利用国有资产举办的,从事教育、科技、文化、卫生等活动的社会服务组织。其强调的是事业单位的举办方与举办资金。正如上文指出的那样,社会服务机构设立的资金只是表明了契约关系主体的不同,不应该对社会服务机构自身的身份构成影响。

社会服务机构的基本属性包括：非营利性、专业化、社会化、自治性。非营利性是社会服务机构的本质属性，即不以营利为目的而以向有需要的人群提供生活性福利服务、解决社会问题为宗旨和目标，包括收入与分配的不分配约束、组织运作与管理的非牟利控制以及非营利的财产保全机制。[①] 专业性是社会服务机构的立身之本，即强调通过专业人才队伍建设、专业服务质量和服务标准、专业监督与指导等实现社会服务的有效供给。社会化是社会服务机构可持续发展的资源保障，强调以需求为导向、动员各类资源、创新服务机制解决各种社会问题并以社会力量为主体建立问责机制。自治性是社会服务机构的适应社会需要创新发展的动力之源，强调社会服务机构的自组织、自管理以及在社会服务领域进行竞争，实现优胜劣汰。

在资源配置方面，根据社会服务的基本属性，社会服务机构的资金来源主要包括：传统渠道获取的资源如捐赠、募捐、志愿服务等。作为非营利组织，捐赠、募捐、志愿服务必然是社会服务机构资源结构中不可或缺的一部分，这不仅仅解决社会服务机构的资源，同时也能推动社会服务机构与公众之间、公众与公众之间的互动、互助以形成公众参与社会资本的产出、政府财政补贴和购买服务的资金以及来自政府的其他资源等。政府基于自身的职能、政策导向可以为社会服务机构提供购买服务资金、财政资助，资金、场地低价或无偿提供等支持、开展经营包括目的事业和非目的事业相关的经营行为等的收益。社会服务机构通过开展与目的事业相关的经营活动收入[②]作为主要资金来源之一，这既可以推动社会服务机构之间的服务竞争又可以提供机构可持续发展的稳定资金来源。除此之外，

[①] 王名主编《中国民间组织 30 年——走向公民社会》，社会科学文献出版社，2008，第 6 页。

[②] 社会服务机构也可以进行与目的事业无关的经营活动，但不能享有税收优惠以保证竞争的公平性。

社会服务机构还可以基于互补的组织目标、专业的服务提供面向企业等组织进行资金筹集。

社会服务改革在社会体制改革中的定位。十八届三中全会《中共中央关于全面社会改革若干重大问题的决定》对社会体制改革进行了纲领性阐述，明确了社会体制改革活力、秩序、民生三个面向，从价值和主体间关系角度设立了社会体制改革的总目标。由此形成社会服务体制改革、社会治理体制改革和社会组织体制改革的三大任务战略。社会组织体制改革的目标是建构政社分开、权责明确、依法自治的现代社会组织体制，激发社会活力，培育社会自治，把"组织"还给社会，这是社会体制改革的基础。社会治理体制改革的目标是改革人民团体体制和社区治理体制，建构以政府治理和社会自我调节的良性互动为基础，以法治为保障的反应敏捷、源头化解的现代社会治理体制，把"治理"还给社会，这是社会体制改革的关键。社会服务体制改革的目标是建构主体多元、机制灵活、广覆盖、多层次的社会服务体制，把"服务"还给社会，这是社会体制改革的切入口。社会服务改革通过建立有效提供社会服务的组织体系和制度安排，由此推动形成现代社会组织体制和现代社会治理体制。社会服务改革在社会体制改革中的重要作用主要体现在建构现代社会服务体系、形成社会服务多元供给机制、完善社会服务领域多元共治三个方面。

建构广覆盖、多层次的现代社会服务体系。基于公共服务来统领社会服务，[1] 由统一的基本社会服务转向多样化、多层次、广覆盖的社会服务，拓展社会服务的范围，满足多元化的需求。以政府承担基本公共服务为基础，以社会服务机构提供的面向弱势群体的个性化、差异化的生活性福利和社会性服务为补充，以企业提供的高端、个性化、市场

---

[1] 由公共服务统领社会服务是全球普遍趋势。我国《国家基本公共服务体系"十二五"规划》中第六章专章对基本社会服务做出规定，明确将"基本社会服务"作为"基本公共服务"的类别之一。

化的社会性社会服务——市场服务①为选择，建构现代社会服务体系。政府承担提供责任的社会服务以保障全体社会成员的生存和发展、调整社会利益格局进而推进社会公平为目标，明确政府在社会服务中的责任主体地位，形成与社会服务发展相适应的资源投入体系。由此建立责任政府和服务型政府。社会服务机构可以提供政府不应提供、不能提供、提供不好的社会服务，应用满足弱势群体多元化、个性化、差异化的需求。

形成社会服务多元供给机制。社会服务既可以由政府通过将事业单位转为社会服务机构来直接提供，也可以由社会服务机构独立提供，还可以通过委托、合作、政府购买服务等方式共同提供，推动社会服务提供效率和质量的提升。通过在社会服务领域引进社会服务机构等社会力量有利于形成社会服务领域的多元供给机制：一是在政府简政放权、职能转变的改革背景下，在不扩大政府规模、不增加职能机构的基础上增加社会服务供给主体数量和服务的整体规模。二是通过购买服务等方式充分动员社会力量、社会资源共同解决社会问题，满足社会需求。三是通过委托、合作、政府购买服务等方式推动社会服务机构提供社会服务，在建构现代社会服务体系的同时推动社会服务机构良性、迅速发展。

完善社会服务领域多元共治。通过建构现代社会服务体系、形成多元供给机制，加快政社分开、推动事业单位改革，进而完善社会服务领域多元共治。一是推动包括社会服务机构在内的社会组织功能分化②，形成完善的公益生态系统。二是通过发挥社会服务机构

---

① 由此，企业提供的服务脱离社会服务的范畴成为独立的市场服务。
② 基金会、社会团体同样可以提供社会服务，直接提供社会服务的基金会及其内部机构也可以看作是社会服务机构。但从良性的生态系统的角度而言，基金会更应该作为资源节点而存在，社会团体更应作为互益性会员服务组织而存在。这从基金会资金募用分离以及社会团体相关的政策导向上也可以体现出来。

服务主体、共治主体、协商主体、创新主体的作用，推动社会组织、事业单位、政府部门、企业之间的边界不断得以确定，推动现代社会组织体制的建立，进而形成新型政社关系。三是通过委托、合作、购买服务等机制，推动我国政府职能和行为方式的转变。政府在社会服务链条上主要是责任承担者、监督者、管理者，而不再是社会服务的生产者。四是推动事业单位的分类改革，[①]通过竞争性的社会服务提供方式，推动提供社会服务的事业单位转为社会服务机构，推动经营性、提供非公益市场服务的事业单位改为企业，建立与此相适应的法人治理体系，并进而实现财政体制改革，如改革对提供社会服务的事业单位的拨款方式，从以机构为单位改为以服务为单位进行拨款，推动政事分开。[②]五是通过探索开展社会组织协商，发挥社会组织反映诉求、服务社会的功能，推动作为社会治理主体的人民团体的改革进程。

作为一种承担了重要改革使命的组织形态，作为全面深化社会体制改革的突破口，通过社会服务机构提供专业社会服务必将推动我国现代社会治理体系的完善，形成现代社会的组织、服务以及治理体制和机制。

对于流动治理的认知、态度和行动并不会因为个体的"我"的复数性而无法进行，这是因为大量的个体所形成的系统使得传统的分析方法再次有了用武之地，这种精确度虽然仍是近似的，但是可以无限接近，这是因为大量个体的参与所形成的宏观结构使得流动治理的精确性得以确定，对精确性的不断追求绝非之前所认为的那

[①] 《中共中央、国务院关于分类推进事业单位改革的指导意见》提出，对承担行政职能的，逐步将其行政职能划归行政机构或转为行政机构；对从事生产经营活动的，逐步将其转为企业；对从事公益服务的，继续将其保留在事业单位序列、强化其公益属性。从事公益服务的事业单位细分为提供基本公益服务和可由市场配置资源的两类。《中共中央关于全面深化改革若干重大问题的决定》提出，推进有条件的事业单位转为企业或社会组织。

[②] 王名、刘振国主编《示范与中国式治理》，北京联合出版公司，2015，第 18 页。

样的无关紧要。但过度追求精确性在宏观的政策制定上是没有意义的，仅仅对于个体而言才具有决定性意义，因为只有如此才能找到那些"压缩在微型密码里的丰富内容"。

当前关于农民工公共服务的研究主要集中于以下四个方面：第一，关于基本公共服务及其均等化。基本公共服务的内涵，主要有三种观点：一是从消费需求层次和同质性角度出发；二是从保证民生角度出发，强调与民生密切相关的纯公共服务；三是从人权出发强调作为个人基本生存权和发展权实现所需要的基本社会条件。基本公共服务均等化，强调的是相对的概念，不是完全的平均化，但侧重点不同，如丁元竹等[1]强调政府应为居民享有基本公共服务所承担的责任，拟定国家标准。马国贤[2]总结各国经验为人均财力的均等化、公共服务均等化和基本公共服务最低公平三种模式，并认为后者最为适合我国。贾康等[3]强调均等化的动态性，认为实现基本公共服务均等化是分层次、分阶段的动态过程。第二，基本公共服务与城乡一体化。把基本公共服务与城乡一体化结合起来，强调城乡一体化作为基本公共服务均等化的重要原因，提出基本公共服务均等化的实现路径和机制，集中在成本约束机制、社会保障机制、推动城乡经济统筹发展，以及相关制度建设等，典型案例是成都、重庆与广东。在国家发改委课题组报告中对基本公共服务均等化现状从义务教育、公共卫生和基本医疗、就业服务、基本养老保障、社会福利和社会救助费等方面进行了分析，并提出从政策上我国还未针对实现基本公共服务均等化建立供给标准以及地方财政平衡能力，公共财政建设的基本思路和政策框架还未理顺，城乡分割是实现基

---

[1] 丁元竹、江讯清：《我国公共服务供给不足原因分析》，《中国经济时报》2006 年 5 月 23 日。
[2] 马国贤：《基本公共服务均等化的公共财政政策研究》，《财政研究》2007 年第 10 期。
[3] 贾康、阎坤：《完善省以下财政体制改革的中长期思考》，《管理世界》2005 年第 8 期。

本公共服务均等化的核心问题之一。第三，为农民工提供基本公共服务模式。从政府责任、第三方供给、需求表达、服务主要模式等方面进行分析。如北京的治安管理拓展模式、嘉兴的专业机构协调模式、无锡的大人口机构统筹模式、信阳的模式、深圳的居住证模式等。第四，健全公共财政体制和有效转移支付制度。分析财政分权、分税制改革、公共支出结构与农民工公共服务享有的关系。

| 第七章 |

结语：作为治理的服务

最小作用量

最小作用量原理在物理学中是作为公理而存在的，是不证自明的。它来源于自然界汇总的各种极值现象，具有极为深刻的科学和哲学内涵。这与资本主义产生后的效率、利润、效益最大化不谋而合。哲学家们将自然界的极值与人类社会的经济理论、社会理论联系起来。正如牛顿在《自然哲学的数学原理》中所说："自然界不做无用之事。只要少做一点就成了，做多了却无用，因为自然界喜欢简单化，而不爱用多余原因来夸耀自己。"

这一点在社会治理的体系中对于各个系统之间的关系尤为重要。如果同意以下判断：市场是资源配置的决定性力量，社会自组织是社会运行成本最小的机制，那么政府所要做的就是在何种程度进行自我约束以实现对整个系统的最小干扰，同时保证其最大的效用。

作为最小干扰的政府管理

政府在社会管理方面的首要责任不是一个具体的行动者，而是提供关于社会的法制结构这一公共物品。从这个意义上讲，政府的责任现在还远远未能充分地实现。不论是由于现代社会的发展阶段，还是因为受市场组织的影响，抑或是基于政府主动选择的结果，现代社会要求形成完善的组织体系与治理体系。政府在社会管理中的重点不应纠缠于具体事务，面对每一个具体的公民和企业，而应该放在善制的建设与完善上，并通过社会组织这一中介来实现对社会的管理。

单位体制的解体和户籍制度的松动为中国社会的流动扫除了体制性的障碍。在当今中国，城乡之间的人口流动已经变得非常容易和频繁。因此，社会流动加速了原有的以户籍管理和单位管理为主的管理体制的瓦解，而与此有关的许多具体管理体制和管理方式的滞后，已经严重影响了对流动人口的有效治理。

政策管道

我国大规模的人口迁移与流动自改革开放之后才逐渐出现。计划经济时代，我国居民被户籍、单位等体制牢牢束缚在原籍，人口迁徙与流动较为罕见。改革开放的影响是渐进而深远的，从计划经济走向市场经济的改革开启了我国工业化、城镇化的进程，与计划经济体制相适应的种种行政制度也随之发生变化，制度对人的束缚——尤其是对人口流动的束缚——逐渐减弱，主流社会对人口流动的认识也开始转变，自由迁徙作为公民的基本权利正重新被认识。我国由改革开放带来的发展变化举世瞩目，所取得的成就为世所公认。但在发展中的不均衡也日益明显。整体而言，我国社会发展滞后于经济发展。与流动人口相关，我国地区发展不平衡，城镇化落后于工业化，市民化进程滞后。这些原因导致了我国大量农业转移人口难以融入城市社会，发达地区户籍人口与非户籍人口享有的公共服务差异巨大，流动人口权利受限。要促进区域协调发展、社会全面进步，需对流动人口服务均等化问题进行研究。研究流动人口服务均等化问题，有必要对与流动人口相关的政策进行梳理。

人口的迁移与流动是伴随着改革开放的进程进行的，是我国社会发展过程中出现的社会现实。政策的发展是对社会现实做出的回应，常常会滞后于现实，同时会影响社会现实的发展。现实与政策的作用是相互的，考察政策发展状况，不可能脱离社会现实的发展。与人口迁移与流动这一事实相关的法律概念有"农民工""外来务工人员""进城务工人员""流动人口"等，这些概念相互交叉，形成了围绕同一事实的概念群，而这些概念的区别主要在于关注的重点不同。例如，"农民工"这一概念强调的是该群体来自农村的身份特征；"外来务工人员"则强调该群体作为城市外来者的身份特征，等等。不同政策就同一社会现实选择使用不同的法律概念反映了政策制定者所关注的重点和所选取的视角乃至立场。梳理与流动人口相关的政策，须以前述整个概念群为关键词进行全面梳理。

"农民工"这一概念始终是前述概念群中的核心概念，使用"农民工"这一概念的政策法律文件最多，使用"流动人口"这一概念的政策法律文件数量位居其次。自2002年，开始有针对"农民工"的政策法律出台，2006~2008年是相关政策法律文件出台的高峰，共有20多个部委参与农民工相关政策法律的制定，其中人力资源和社会保障部（含劳动和社会保障部）出台的政策最多。相关政策涉及报酬支付、劳动合同签订、技能培训、子女教育、异地医疗、金融服务等多方面问题，尤以关注欠薪问题的政策最多。相关地方政策文件数量具有明显地域特征，广东省出台的政策最多。

在政策文件中，"农民工"这一概念被使用的次数最多，"流动人口"位居其次。但值得注意的是，以"流动人口"为核心概念的政策所关注的问题多集中在卫生计生方面，政策制定者也以卫生计生部门为主。而以"农民工"为核心概念的政策则关注与"农民工"这一群体相关的各方面问题。说明从使用范围的角度来看，"流动人口"这一概念的使用范围十分狭窄，并未得到普遍使用。有论者认为，"农民工"的称呼有歧视之嫌，但从检索结果上看，这一概念被广泛接受，仍有较强的生命力。

2006年出台的《国务院关于解决农民工问题的若干意见》具有重要意义，随着这一政策的出台，各相关部门均制定了相应的部门规章。此外，国务院还于2006年建立了农民工工作联席会议制度。自2010年后，以"农民工"为标题的全国性政策法规出台数量逐年下降的趋势明显。究其原因，并非因为相关政府部门对这一问题的重视程度下降，而是针对问题的治理模式、关注视角在逐渐发生变化。2011～2014年针对"农民工"问题由国务院出台的政策仅有2013年出台的《国务院关于成立农民工工作领导小组的通知》，该通知宣告了农民工工作领导小组的成立，农民工工作联席会议则随之撤销。从联席会议到领导小组，体现了政府对农民工工作的重视，也体现了针对该问题治理模式的变化。

面向未来的治理

在中国社会科学院社会学研究所于1999年开始的"当代中国社会结构变迁"研究中，以职业分类为基础，以组织资源、经济资源和文化资源占有状况为根据，提出中国社会已经分化为由十个阶层组成的社会阶层结构，其中农民工被纳入农业劳动者阶层。

改革开放前重国家、轻社会的模式已经改变，一个相对独立的社会开始形成，社会结构由总体性社会向分化性社会转变，原有的身份类别划分标准发生剧变，一种新的、具有自致性和可变性的、以职业身份为标志的身份系列正在逐渐取代以往的城乡各种身份系列。农村剩余劳动力向城市流动成为社会流动的三大趋势之一，但原有身份与新职业及新居住地的矛盾导致了大批边缘人及大量边缘群体的产生。区域之间的异质性和差距扩大，动力系统也逐渐形成和扩大。

在20世纪90年代短暂经历了市场社会的梦魇之后，中国已出现了蓬勃的反向运动，并正在催生一个社会市场。在社会市场里，市场仍然是资源配置的主要机制，但政府通过再分配的方式，尽力对与人类生存相关的领域进行"去商品化"，让全体人民分享市场运作的成果，让社会各阶层分担市场运作的成本，从而把脱嵌的、完全自发调节的市场经济重新嵌入到社会伦理关系之中。"以往人们一般认为，只要剥离黏附在户口之上的差别分配原则，便可把户籍制度与社会差别彻底分离开来。然而这一认识忽略了为什么差别原则能够黏附到户口之上？我们又怎么能剥离这些原则？如果可以剥离原先的差别原则，我们又怎能保证新的差别原则不会再黏附上去？……黏附性的根源在于制度安排所设置的城乡户口的难转换性和户口的难迁移性，因此，户籍改革的中心任务是取消城乡户口身份划分和户口迁移的行政限制。"①有担心认为，户口一元化和迁移自主化改革将带来社会震荡，认为农村人会涌向城市，大城市会出现人口膨胀，而事实是，户籍制度在如今除了生成社会差别外，对人口移动行为已经起不到调控作用了，任何人都可以不迁户口而流动。当然，也要避免因户籍改革而给大城市可能带来的人口和资源压力，借鉴1980年中后期的城市发展战略，大力发展中小城市和小城镇，同时通过资源配置、利益分配和投资政策安排实现资源在城市和区域间的合理、均衡配置。②

流动人口不是户籍制度的产物，是市场经济条件下城市化、工业化、现代化的产物。但户籍制度是人口在流动中产生诸多问题最

---

① 王绍光：《大转型：1980年代以来中国的双向运动》，《中国社会科学》2008年第1期。
② 陆益龙：《户口还起作用吗——户籍制度与社会分层和流动》，《中国社会科学》2008年第1期。

为重要的制度性因素。新移民经济学认为,"迁移决策背后的理性计算也通常不仅仅是以个体为单位的,更多的时候是以家庭为单位进行的。迁移和留守是一个家庭为了分散风险而采取的多样化经营策略。"是否迁移户口是一个基于经济、社会、文化等更为复杂因素的选择。由此提出了"个体的迁移动力"和"制度的合法性压力"的二维分析框架,即农民工的迁移意愿不仅受到个体因素的影响,还受到打工所在地的制度合法性压力的影响。

国家治理体系和治理能力现代化包括政府治理、市场治理和社会治理三个最重要的次级体系①。从全面深化改革的意义上来说,国家治理体系要求形成完善的公共治理制度和规范,推进政治体系、法制体系和治理体系的全面改革,这是推进社会体制改革和社会治理的必要前提,只有转变政府职能、深化行政体制改革,才能处理好政府与市场、政府与社会、中央与地方的关系,进而深化经济领域和社会领域的诸多改革。但也需要看到,虽然经济体制改革仍然是全面深化改革的重点,但是由于"社会体制的改革及社会治理现代化比政府治理体系更加广泛、复杂和艰难,因而需要更加渐进乃至反复的过程,加之经济体制改革在总体上已经成功揭开大量积累的社会问题,使得这一过程具有更为强烈的现实性和紧迫性,在一定意义上可以说,社会改革及社会治理现代化,乃是继经济改革之后中国改革走向全面深化的第二个主战场"(王名,2014)。以现代化治理理念为基础的国家治理体系需以公共服务为目的建立服务型政府。建设法治中国、建立法治型政府要求坚持国家、政府、社会建设统一于法治建设,治理体系需要制度化和规范化,以制度为基础处理各种重大关系、解决政府治理和社会治理改革创新的体制机制问题。国家治理能力现代化则要求充分动员社会力量,改进治理

---

① 俞可平:《推进国家治理体系和治理能力现代化》,《前线》2014年第1期。

方式，激发社会创新，实现经济社会的协调、可持续发展，承担国际责任与义务参与全球治理，最终实现共享发展的各方面能力，落实党的十八届五中全会提出的创新、协调、绿色、开放、共享的发展理念。

目前关于社会体制改革和社会治理创新的研究主要围绕治理主体、治理机制、治理效果等方面展开，集中在政治学、社会学、公共管理学和法学等领域。主要围绕社会发展或建设规律、路径，社会体制改革目标，政府与社会的关系，社会服务与社会管理，社会治理，社会创新等方面展开。

党的十八届三中全会明确全面深化改革的总目标是完善和发展中国特色社会主义制度，推进国家治理体系和治理能力现代化。社会体制改革的目标是推进社会治理体系和治理能力现代化，社会组织体制、社会服务体制、社会管理体制是最为重要的三个次级体制。社会管理体制的改革离不开政府职能转变、行政体制改革，服务型政府的建立使得社会管理体制与社会服务体制交叉在一起，并通过公共服务统合社会服务来实现二者的有效衔接。而建立社会组织体制即要实现社会治理多元主体参与，这就需要从政策－组织－行为、协商－治理－服务、共治－他律－自律三种贯穿性层次予以切入。同时，社会服务体制改革是形成现代社会组织体制、推进政府职能转变的重要切入口，用公共服务统领社会服务，推动社会服务体制改革、推进服务型政府管理方式、推动事业单位改革进而形成现代社会组织体制无疑具有重要的理论和实践意义。社会体制改革法制体系和社会治理创新体系贯穿于社会组织体制、社会服务体制、社会管理体制，从法制体系、社会创新与社会治理的角度赋予社会体制改革法律保障和发展动力。以现代化治理理念为基础的国家治理体系需以公共服务为目的建立服务型政府。建设法治中国、建立法治型政府要求坚持国家、政府、社会建设统一于法治建设，治理体系需要制度化和规范化，以制度为基础处理各种重大关系、解决政府治理和社会治理改革创新的体制机制问题。国家治理能力现代化则要求充分动员社会力量、改进治理方式，激发社会创新，实现经济社会的协调、可持续发展，承担国际责任与义务参与全球治理，最终实现共享发展的各方面能力，亦即落实党的十八届五中全会提出的创新、协调、绿色、开放、共享的发展理念。

图书在版编目(CIP)数据

流动治理：概念、结构与范式/李勇，刘国翰著. -- 北京：社会科学文献出版社，2016.12 (2017.9 重印)
ISBN 978-7-5201-0085-4

Ⅰ.①流… Ⅱ.①李…②刘… Ⅲ.①流动人口-社会管理-研究-中国 Ⅳ.①D631.42

中国版本图书馆 CIP 数据核字 (2016) 第 288247 号

流动治理：概念、结构与范式

著　　者 / 李　勇　刘国翰

出 版 人 / 谢寿光
项目统筹 / 刘骁军
责任编辑 / 王雯雯　关晶焱

出　　版 / 社会科学文献出版社·集刊运营中心 (010) 59367161
　　　　　 地址：北京市北三环中路甲29号院华龙大厦　邮编：100029
　　　　　 网址：www.ssap.com.cn
发　　行 / 市场营销中心 (010) 59367081　59367018
印　　装 / 北京京华虎彩印刷有限公司

规　　格 / 开　本：787mm×1092mm　1/16
　　　　　 印　张：8.75　字　数：108千字

版　　次 / 2016年12月第1版　2017年9月第2次印刷
书　　号 / ISBN 978-7-5201-0085-4
定　　价 / 45.00元

本书如有印装质量问题，请与读者服务中心 (010-59367028) 联系

▲ 版权所有 翻印必究